Olivo Barbieri   Viaggi in Italia   1982–2009

Olivo Barbieri

Viaggi in Italia

1982–2009

a cura di / edited by Sabrina Zannier

SKIRA

In copertina / Cover
Brescia 2003

Design
Marcello Francone

Coordinamento editoriale
Editorial coordination
Vincenza Russo

Redazione / Editing
Monica Maroni

Impaginazione / Layout
Sabina Brucoli

Traduzione / Translations
Anna Strowe *per / for* Language Consulting Congressi, Milano

First published in Italy in 2010 by
Skira Editore S.p.A.
Palazzo Casati Stampa
via Torino 61
20123 Milano
Italy
www.skira.net

Printed and bound in Italy.
First edition

ISBN: 978-88-572-0731-5

Distributed in North America by Rizzoli International Publications, Inc., 300 Park Avenue South, New York, NY 10010.
Distributed elsewhere in the world by Thames and Hudson Ltd., 181A High Holborn, London WC1V 7QX, United Kingdom.

Finito di stampare
nel mese di giugno 2010
a cura di Skira, Ginevra-Milano
Printed in Italy

L'autore ringrazia
The author wishes to thank

C4 CENTRO CULTURA CONTEMPORANEO CALDOGNO
Fondazione Pierluigi e Natalina Remotti, Camogli
Fondazione Sandretto Re Rebaudengo, Torino
FotoGrafia Festival Internazionale di Roma
Galleria Civica di Modena
GAM, Torino
Linea di Confine per la Fotografia Contemporanea, Rubiera
MAXXI, Roma
metronapoli Le Stazioni dell'Arte
Museo di Capodimonte, Napoli
PAC, Milano
Palazzo delle Papesse, Siena
A Different Altitude/Ron Zacapa

Pio Baldi
Luca Massimo Barbero
Achille Bonito Oliva
Isabella Brancolini
Fabio Caria
Pier Giovanni Castagnoli
Andrea Cavazzuti
Viero Cervellati
Cristiana Colli
Nicoletta Daldanise
Marco Delogu
Francesca Fabiani
Fabio Fornasari
Lorenzo Fusi
Lisa Ginzburg
Walter Guadagnini
William Guerrieri
Guido Guidi
Nicoletta Leonardi
Filippo Maggia
Giuseppe Marsala
Daria Menozzi
Maurizio Montagna
Luca Moretto
Franziska Nori
Mario Peliti
Antonella Pelizzari
Marco Pierini
Fabrizio Radaelli
Paola Tognon
Giovanni Torcello
Roberta Valtorta
Angela Vettese
Francesco Zanot
e tutti coloro che hanno reso possibile questi viaggi
and all those who have made these voyages possible

Questo volume è stato pubblicato grazie a / This volume has been published thanks to

SINETICA FOR ART

in occasione della mostra / for the exhibition "Olivo Barbieri. Viaggi in Italia 1982–2009", Palazzo Foscolo, Oderzo (TV), 3-25 luglio / July 2010

This book on the work of Olivo Barbieri marks the beginning of a new cultural project from Sinetica Industries on contemporary international photography. Focussing on the theme of travel, each year this project will highlight a major photographer's vision of his own country, showcasing artists from Africa, Europe, Asia, and the Middle East. Each artist will be represented with the publication of a book with Skira editore and an exhibition.
Sinetica is a leader in the office furnishing sector, and has raised to the level of philosophy their vision of beauty and the emotional aspects of style, weaving into the design culture the inspirations and vocabularies of contemporary living. Under the artistic direction of Sabrina Zannier, this philosophy has given birth to the present project, whose first publication, of the work of Italian photographer Olivo Barbieri, stands as an essay on his entire *œuvre*, revealing the multifaceted contours of an unusual Italy.
Sinetica Industries goes beyond the role of supporting sponsor in order to participate as co-creator and producer of forward-looking artistic voyages. With this publication – the inaugural volume of the *Collana Sinetica / Landscape* series in the Skira Photography series – Sinetica Industries puts into play the ethical value of art and its role as "creator of worlds". These worlds are rooted in the shared collective life, but are marked, inscribed by the subjective gaze of the artist who produced them in order to give us a new vision, another point of view from which to observe, experience, and understand the world that we inhabit or observe from a distance.
Based on this, Sinetica Industries has identified a double path to understanding, brought about on the one hand by the choice of vocabulary, and on the other by the choice of content.
The creative vocabulary that best operates on the delicate boundary between reality and visionarity is photography. Born to restore the "truth", in this sense surpassing painting, photography has found its own visionary way, creating through its own characteristics and technical possibilities an instrument of pure creativity. Passing by the two extremes – traditional photography, aimed at the faithful restoration of reality, and photography aimed at the creation of pure abstraction – Sinetica Industries has directed its attention towards those artists that work within the subtle zone in which these two extremes meet, leaving us suspended in the visual and conceptual gap between truth and fiction.
This is a photography of places, of architectures, of urban and natural landscapes, of individuals and populations. Within it we see the *modus vivendi*, styles and tendencies, affiliations and de-localisations, as well as the negotiation between the atemporality of certain anthropological values and the astonishing transformations and alterations dictated by man's unceasing endeavours.
From these concerns springs the desire to explore travel photography, which lends itself to highlighting the tendency towards world-creation starting from the diversity of the areas visited. This is not photography as reportage, and even less the gaze of the tourist, but rather the type of creative voyage that conjoins visual beauty with a unique poetics, capable of following a connecting expressive thread through each image, whichever corner of the Earth it is from.

Sinetica Industries

Con questo libro di Olivo Barbieri Sinetica Industries annuncia un nuovo progetto culturale sulla fotografia contemporanea internazionale. Incentrato sul tema del viaggio, ogni anno presenterà lo sguardo di un grande fotografo sul proprio paese, dall'Africa all'Europa, dall'Asia al Medio Oriente, realizzando un libro con Skira editore e una mostra.
Sinetica è una realtà protagonista nel settore dell'arredamento per ufficio, che ha elevato a propria filosofia il gusto del bello e gli aspetti emozionali, intrecciando la cultura del design con le ispirazioni e i linguaggi del vivere contemporaneo. Da questa filosofia – con la direzione artistica di Sabrina Zannier – è nato il progetto che prende avvio con il libro di Olivo Barbieri, una sorta di saggio sull'intera opera dell'autore che svela il volto poliedrico di un'Italia insolita.
Svincolandosi dal semplice ruolo di sponsor sostenitore, per incarnare invece quello di co-ideatore e produttore di percorsi d'arte che guardano al presente rivolto al futuro, con questo progetto – che inaugura la *Collana Sinetica / Landscape* entro la collana Skira Photography – Sinetica Industries mette in scena il valore etico dell'arte e il suo ruolo di "produttore di mondi". Mondi radicati nel vissuto collettivamente condiviso, ma di volta in volta "segnati", incisi dallo sguardo soggettivo dell'autore che li ha prodotti per regalarci una visione "altra", un altro punto di vista dal quale osservare, sperimentare, conoscere il mondo che viviamo o che osserviamo a distanza.
In questa prospettiva Sinetica Industries ha individuato una duplice via di conoscenza, da un lato attuando un'opzione di linguaggio, dall'altro una scelta di contenuto.
Il linguaggio creativo che meglio di altri opera sul labile confine tra realtà e visionarietà è dato dalla fotografia. Nata per restituire il "vero", oltrepassando in ciò la pittura, ha poi trovato la propria strada visionaria, elevando le sue proprietà e potenzialità tecniche a strumento di pura creatività. Escludendo i due estremi della fotografia classica, tesa alla fedele restituzione della realtà, e della fotografia votata invece all'estrema astrazione, Sinetica Industries punta l'attenzione sugli artisti che operano su quel sottile limite in cui tali estremi s'incontrano, lasciandoci con il fiato sospeso tra vero e fiction, come fossimo caduti in un piacevole e intrigante trabocchetto visivo e concettuale.
Fotografia di luoghi, di architetture, di paesaggi urbani e naturali, fotografia di genti e popoli, in cui pulsano *modus vivendi*, stili e tendenze, appartenenze e de-localizzazioni, tesi fra l'atemporalità di certe valenze antropologiche e la strabiliante alterazione e trasformazione dettata dall'incessante ricerca dell'uomo.
Da qui la scelta della fotografia di viaggio, che bene si presta a sottolineare la tendenza alla creazione di mondi a partire dalle diversità dei territori attraversati. Non la fotografia di reportage e tanto meno lo "sguardo da turista", bensì quei percorsi creativi che alla bellezza della visione affiancano una singolare poetica, capace di tracciare un filo rosso espressivo in ogni immagine, da qualunque angolo di mondo sia stata realizzata.

Sinetica Industries

Sommario / Contents

Sabrina Zannier

Viaggi in Italia di Olivo Barbieri

Ribaltamento e Svelamento

Ribaltamento e Svelamento sono due termini che segnano il passo di tutta la ricerca fotografica di Olivo Barbieri e che, intrecciandosi in modi, tempi e spazi diversi, mettono in scena la sua singolare poetica. Non è un caso, quindi, se già il titolo di questo libro ammicca a un capovolgimento. Il ricordo va alla mostra "Viaggio in Italia", progettata nel 1984 da Luigi Ghirri come un grande progetto collettivo dedicato al paesaggio italiano, nel quale furono coinvolti fotografi come Gabriele Basilico, Vincenzo Castella, Mario Cresci, Guido Guidi, Mimmo Jodice, Luigi Ghirri e lo stesso Barbieri, che hanno avviato il rinnovamento della fotografia italiana contemporanea. Il dato saliente di quel viaggio collettivo lungo il territorio nazionale è stato quello di aver posto la fotografia in dialogo con l'arte visiva, l'architettura, la letteratura, il cinema, alimentando le riflessioni filosofiche nel linguaggio fotografico. Un dialogo di allora, tra Olivo Barbieri e Luigi Ghirri, già conteneva l'essenza della poetica del primo e mi suggerisce l'avvio del pensiero sui suoi *Viaggi in Italia*. Più viaggi, condotti da un solo autore, che ribaltano il senso dell'"unico" viaggio lungo lo stivale praticato da venti fotografi per la mostra del 1984. Più viaggi, quelli di Olivo Barbieri, che unitamente svelano un'Italia insolita e l'essenza poetica dell'autore.

"Una volta chiesi a Luigi quale fosse il fine della sua ricerca e lui prontamente rispose 'la verità'. Io invece ho voluto rappresentare l'invisibile: che la verità e l'invisibile siano la stessa cosa?"[1].

Questo interrogativo posto allora da Barbieri contiene tutto il senso del Ribaltamento (del punto di vista, del modo ordinario di guardare e affrontare il vero) e dello Svelamento (di diversi modi per porsi innanzi al mondo) che trasla la verità in virtualità, ossia in possibilità. Tanto da indurmi a ritrattare il suo interrogativo per riformularlo in questi termini: l'invisibile indica forse la via del possibile?

Progetto che raccoglie cinquantadue immagini realizzate dal 1982 al 2009, *Viaggi in Italia* ripercorre quasi l'intera produzione del fotografo, ma non propone lo spirito della retrospettiva quanto piuttosto il sapore del saggio. Alla valenza scientifica della filologia contrappone l'emozionalità e la sensorialità dinamica generati dai mutamenti di sguardo e di punti di visione di un artista che sembra chiedersi continuamente quanta realtà esista nel nostro sistema di vita o, ancora, quanto profondamente la nostra percezione sia atta a comprendere ciò che ci circonda. Un artista che confessa di essersi reso conto che la realtà, così come noi la percepiamo, non esiste e che per questo affida all'arte la possibilità di determinare un'alterazione degli stati di coscienza, capace di rendere visibile ciò che normalmente ci sfugge, per indicare così nuove vie di realtà, attraverso le molteplici possibilità contenute nella dimensione della virtualità.

Questo affiora dalle fotografie di Barbieri, dove i paesaggi urbani e naturali, gli scenari architettonici e il brulichio di gente avulsa dall'individuazione personale nascono da una presa di distanza che muta il vero in finzione, la città in plastico

e modellino. Ma è proprio in questa visionarietà che i luoghi riaffermano la loro esistenza, perché la capacità di Barbieri di eludere una visione didascalica del vero mette in scena nelle sue immagini le metamorfosi dell'urbanizzazione, le modificazioni del paesaggio antropizzato come fosse un grande corpo organico. Un organismo entro il quale nulla muore ma tutto si trasforma, all'insegna di quel concetto di precarietà che mina anche la solidità del passato e della storia detronizzando il principio stesso della monumentalità, per cui un nuovo punto di vista o un modo altro di guardare offre una diversa interpretazione di un palazzo, di un monumento, di uno snodo urbano.
Da questo viaggio nell'opera di Barbieri prende forma un viaggio tutto italiano.
Un viaggio plurale, perché raccoglie diversi momenti, differenti viaggi nelle città d'Italia, nei luoghi di provincia, in montagna e al mare, a ridosso di architetture, interne ed esterne, di costrutti urbani ripresi dall'elicottero, dove la gente, le vetture, gli alberi appaiono come minuti elementi plastici o, ancora, in scenari collettivi ripresi da terra, in cui le persone figurano in primo piano in un rimpallo di messa a fuoco e di sfocatura rispetto al contesto.
Viaggi in Italia è una summa di sguardi e di racconti che, come un romanzo eccentrico, con ogni immagine apre una storia, legata a un luogo e alle sue genti. Tanti luoghi e tante genti, che insieme disegnano il complesso volto dell'Italia.
Quella di Barbieri non è l'Italia vista dall'occhio del turista. È l'Italia vista e vissuta da un artista italiano che ha girato il mondo e con lo sguardo pieno di mondi e di storie altre riesce a farci vedere l'Italia con rapporti dimensionali inediti, anche innanzi ad architetture e scenari già ampiamente filtrati dall'immaginario collettivo.
Dall'Italia sublime, dei paesaggi montani e marini, notturni e diurni, ai fasti della storia della pittura e dell'architettura classica e contemporanea; dagli interni dello stabilimento della Ferrari, in cui l'alta tecnologia si fonde con la natura, ai severi e inquietanti interni dei tribunali fotografati nel 2000, fino agli stadi rappresentati come giganteschi videogiochi, il libro disegna il volto di un'Italia che muta, che si trasforma ad opera dell'uomo, quello che la progetta e quello che la vive. Che la vive allo stadio ma anche nei centri commerciali, che la trasforma attraverso i cantieri, ripresi dall'alto in *site specific_TORINO 06* (tav. 32-34) o ridotti a cumuli che virano tra il paesaggio lunare e la campagna orientale.
Gente che nelle fotografie del Palio di Siena pullula come in un formicaio slittando sul fronte pittorico del *pointillisme;* o gente ritratta nel passato, come appare in *Milano 2001* (tav. 41), dove Barbieri rilegge *Il Quarto Stato,* l'opera più celebre di Pellizza da Volpedo, dipinta nel 1901. Quadro-simbolo del XX secolo, allegoria sociale del popolo che avanza verso un futuro radioso, in questo libro funge da fanalino concettuale per altre immagini. Non più quelle di un'Italia sublime, del labirinto della villa palladiana di Caldogno (tav. 10) e della città ideale del Rinascimento (tav. 8), ma di un'Italia problematica: quella dell'albergo-mostro di Vico Equense (tav. 37), immensa struttura architettonica fatiscente sul litorale di Vietri, o della villa del camorrista Walter Schiavone a Casal di Principe (tav. 38-39), dei terremoti di Napoli e dell'Aquila o, ancora, dello spazzino a Palermo. Altre immagini, queste, piccole epifanie per momenti di cambiamento, che riguardano ancora l'uomo. L'uomo che reagisce con scritte sui muri, l'uomo che ricostruisce e ripensa gli spazi.
Olivo Barbieri opera con l'immagine, ma il suo è innanzitutto un lavoro sul pensiero, sul modo di porsi innanzi alla realtà e sul modo di guardarla e quindi di pensarla. Per lui le architetture sono "materializzazione del pensiero"[2], così come il grande racconto di *Viaggi in Italia* sottende un pensiero narrativo che ammicca alla scrittura di Gertrude Stein – dove dall'osservazione del reale nascono astrazioni straordinarie – e all'opera di William Burroughs, in cui la fantascienza non è quella estrema di astronavi e mostri,

ma affiora da uno sguardo visionario che trasforma le città in paesaggi metafisici e colloca l'ambiente evolutivo del romanzo non nello spazio esterno all'uomo ma nello spazio interno, quindi ancora nel pensiero e nella sua capacità di trovare l'altrove negli anfratti dell'esistenza. Ecco, di nuovo, collocati i principi del Ribaltamento (della visione ordinaria) e dello Svelamento (dell'invisibile, di quel l'altrove che abita la realtà), che in tutta l'opera di Barbieri generano riflessioni sulle forme di straniamento percettivo.
Viaggi in Italia si presenta come un saggio, dicevo. Un saggio che nella sua dinamicità raccoglie cicli fotografici diversi, sia per la datazione temporale alla quale risale la loro realizzazione, sia per la tecnica utilizzata sia per i modi di porsi innanzi al mondo. Tutti accomunati, però, dalla volontà di ribaltare e svelare. Sempre. Per rispettare questa peculiarità poetica, il racconto complessivo dei viaggi in Italia non poteva certo compiersi in nome della linearità filologica e cronologica. Doveva fondarsi sull'autonomia visiva e concettuale di ogni fotografia e sul potere di relazione delle une con le altre, laddove d'immagine in immagine, per via di assonanze o dissonanze, emerge l'affermazione di un pensiero creativo che nei mutamenti e nelle svolte riconferma la propria essenza. Nessuna sequenza cronologica, quindi, nessuna cesura tematica, bensì una sorta di mantra, che nella ripetizione, nella possibilità di iniziare la lettura da qualsiasi punto, ossia da qualsiasi immagine, libera la mente dal pensiero di una temporalità lineare e funge da amplificatore per un processo di graduale concentrazione.
La ripetizione chiama in causa la ciclicità e mi suggerisce il parallelismo fra l'opera di Olivo Barbieri e il pensiero del sociologo francese Michel Maffesoli, secondo il quale l'idea di progresso contemporaneo non coincide più con la linea retta che da un prima conduce a un dopo, bensì con la figura della spirale che avvolge il passato innovandolo verso il futuro.
Viaggi in Italia è un libro da sfogliare iniziando da qualsiasi pagina. Perché le cinquantadue immagini pubblicate sono cinquantadue storie di uno stesso "romanzo", che ci racconta diversi frammenti di un'Italia che dal passato arriva al presente entro un ritmo spiralico assolutamente contemporaneo.
Alla città ideale d'impronta rinascimentale, all'Italia dell'architettura in cui respira la natura si affianca il Paese delle criticità e dell'innovazione tecnologica, a indicare che il sublime della nostra contemporaneità può scaturire dall'intreccio fra il passato e il presente, da una coscienza etica capace di traslare le problematicità in nuove emergenze di senso.
Concepire questo libro come un mantra che si ripete con ritmo spiralico significa innanzitutto proporre un viaggio nel tempo e nello spazio. Un viaggio da intendersi nella prima accezione del vocabolo, quella radicata nel latino *viaticum*, propriamente inteso come "provvista per il viaggio", dove "provvista" deriva da "provvedere", ossia vedere innanzi, vedere ciò che sta per accadere. In questa accezione di viaggio risiede il senso di astrazione di ogni fotografia da un percorso lineare tanto nel tempo quanto nello spazio, nonché la sua capacità di farsi "provvista", ossia di contenere in sintesi ciò che Barbieri ha sperimentato e affermato nelle fotografie precedenti e in germe ciò a cui approderà nelle successive.

Nel tempo e nello spazio
Spazio e tempo sono due dimensioni fondamentali nel linguaggio fotografico, come del resto anche in quello letterario, che certo cambiano a seconda del grado di adesione alla realtà che ogni autore imprime alla sua opera. In ogni caso, sono il frutto di una precisa scelta, di visione e narrazione, che s'insinua nel territorio della riflessione filosofica, a volte rivolgendo particolare attenzione allo spirito del tempo che affiora dai *modus vivendi* e dall'immaginario collettivo, come fa Olivo Barbieri.

La dimensione temporale che abita le sue fotografie è ciclica, concede spessore alla memoria, anche tradendola attraverso una perseverante rimessa in discussione dettata dall'innovazione dello sguardo che la rilegge. Se all'immagine della spirale suggerita da Maffesoli affianchiamo i pensieri paralleli di Edgar Morin e Paul Virilio, anch'essi tesi a sottolineare la necessità di conservare l'eredità culturale senza sacrificare il presente (della memoria) sull'altare del futuro, nel caso di Barbieri possiamo anche citare quella condensa di temporalità che Virilio definisce la "prospettiva del tempo presente". Una dimensione che accoglie due tipologie di memorie: la "memoria reale, tradizionale", quella del passato, conservata nei libri, nei dipinti... e la "memoria virtuale", che riguarda il presente e la telepresenza, quindi un sapere ancora in atto, ricco di potenzialità perché in corso di accadimento.
Il viaggio nel tempo che affiora da questo libro non è allora solo quello dettato dall'arco temporale nel quale sono state realizzate le immagini. È anche il viaggio nel tempo che abita luoghi, edifici, scene e scenari elevati a soggetti da indagare. Tempo passato, che nel suo trascorso si fa portatore d'idee e stilemi. Così accade per gli edifici e i monumenti, testimoni tangibili della storia dell'architettura; per le visioni aeree di porzioni cittadine, che rilevano gli sviluppi e le metamorfosi della progettazione urbanistica; per i dipinti o le vecchie lastre fotografiche che Barbieri ha fotografato nei musei e negli archivi, esplorando così anche la storia della pittura e affondando nel ventre di un'altra memoria ancora. "Memoria reale", direbbe Virilio, che però l'artista avvolge entro la "memoria virtuale", quella del suo sguardo indagatore votato al ribaltamento e allo svelamento, e quella delle potenzialità offerte dalla tecnologia in corso di perseverante innovazione.
Anche la dimensione dello spazio riguarda il soggetto fotografato, ma in modo più tangibile. E se il soggetto principale di tutta la ricerca fotografica di Barbieri è l'architettura, non possiamo certo tralasciarne un altro – la pittura – che assume straordinaria rilevanza nella lettura complessiva della sua poetica, come vedremo più avanti e come affiora da questa sorta di "saggio visivo" condensato in *Viaggi in Italia*.
Fermandosi per ora al soggetto architettonico e urbanistico è bene sottolineare che l'artista non lo considera mai come soggetto stabile, perché l'urbano al quale guarda è segno costruttivo dell'uomo, concerne il perseverante processo di mutazione che chiama in causa l'antropologia, la sociologia, la ricerca stilistica e la costante relazione fra storia e contemporaneità. In questi interstizi disciplinari s'insinua la temporalità fattasi memoria.
Lo spazio indagato e ricreato da Barbieri non è solo quello della città che vediamo nell'immagine, ma anche quello dei luoghi vissuti, attraversati, sperimentati, fotografati prima, che di volta in volta concorrono al mutamento del punto di vista e del modo di guardare. Non possiamo dimenticare, per esempio, l'importanza della sua esperienza in Cina, in Giappone e in genere nei Paesi d'Oriente, tesi fra la storia di antiche civiltà e lo strabiliante processo di modernizzazione ad alto impatto tecnologico, dove ha respirato il perseverante dialogo fra opposti e la convivenza di alterità, rinforzando la messa in discussione di molte certezze che ha generato l'Occidente. Prime fra tutte l'idea tradizionale di fotografia come strumento oggettivo di trascrizione della realtà e il concetto di città intesa come luogo fondato sui principi della stabilità e della monumentalità.
Con la messa in scena dell'antropizzazione, la città di Barbieri ci presenta costrutti architettonici e urbani come fossero organismi viventi. Tanto da suggerire un filo rosso che dalla biologia e dalla chimica ci conduce alla filosofia d'Oriente, quasi vi fosse l'incontro fra l'aforisma del padre della chimica moderna, Antoine Lavoisier – "Nulla

si crea, nulla si distrugge, tutto si trasforma" – e il dualismo degli opposti insito nel pensiero orientale. È in questo azzardato incontro, in cui il concetto di trasformazione contempla la convivenza di distruzione e creazione, che si può leggere il duplice principio del Ribaltamento e dello Svelamento nell'opera di Barbieri. Perché ribaltare implica una distruzione e svelare significa creare. Un principio che sottende tutte le sue fotografie e che d'immagine in immagine, di visione in visione, di esperienza in esperienza produce quelle stratificazioni che ci permettono di parlare di condensa di memoria e di perseverante innovazione dello straniamento percettivo.

Mi piace ricordare lo stupore che Olivo racconta di aver provato in Cina a Shanghai, colpito dalla crescita verticale della città, passata da un grattacielo nel 1989 a quasi duemila nel 2009. Stupore e constatazione rimastegli negli occhi, tanto da produrre ulteriori modi di guardare e di pensare la città. Avulsa da nette cesure tra luce e tenebra, come emerge dalle numerose fotografie notturne con le quali si è distinto all'inizio della sua ricerca, che in realtà contengono un'indagine sulla luce artificiale, ponendo luce e tenebra in costante dialogo. Lo stesso azionato, con la tecnica della "messa a fuoco parziale", fra zone nitide e zone sfocate, capace di generare un intrigante straniamento percettivo. Come accade in *site specific_ROMA 04* (tav. 30), dove l'immagine del Pantheon affiora con rapporti dimensionali inediti: perde la monumentalità di una costruzione simbolo del passato, de-culturalizza il suo spessore semantico per apparire come un disco volante in bilico sul mondo, un alieno rotante, in procinto di atterrare o di ripartire, destabilizzando ancora le coordinate spazio-temporali dello scenario urbano in cui appare.

Nell'immagine del ponte di Potenza del 1999 (tav. 1), come già evidenziato da Hubertus von Amelunxen, "l'elemento principale non è tanto il ponte in sé, bensì la spinta di traslare l'orizzonte attraverso nuovi edifici, sempre più alti"[3], in nome di quella verticalità trionfante in Cina e accreditata dal punto di vista etico al fine di non occupare lo spazio verde del suolo. Edifici che in questa fotografia appaiono al di sopra del ponte, in una sorta di modellino sopraelevato, di simulazione della città che verrà ma c'è già, svettante nel cielo delineato dalla traiettoria orizzontale del ponte, nuova linea d'orizzonte tra il qui e l'altrove.

La città di Olivo Barbieri potrebbe essere definita come una sorta di *media building*, termine coniato da Paul Virilio per indicare il palazzo mediale – costruzioni in cui la funzione dell'informazione prevale su quella dell'abitazione – numerosissimi a Shanghai, la città dove se ne contano di più. Si tratta di luoghi in cui l'informazione ha una dimensione urbana, collettiva, attiva e interattiva, non più individuale perché non vincolata al piccolo schermo o al telefono portatile. Gli esempi più antichi di *media building* sono dati dai musei, il cui fine non è solo quello di raccogliere fisicamente le opere esposte ma anche le informazioni ad esse relative, e dalle cattedrali o in genere dalle costruzioni di carattere religioso, anch'esse luogo di comunicazione di massa.

Gli esempi più contemporanei, che nella loro funzione di socializzazione rimandano però all'antichità, sono dati da certe piazze, come Times Square, e dagli stadi, dove i grandi schermi sono importanti come le gradinate, tanto da aggiungere, come afferma Virilio, quella terza dimensione data dall'informazione, di cui l'architettura deve farsi carico, insieme alle dimensioni della massa e dell'energia. Il parallelismo va ancora al museo, ma alle immagini statiche e passive degli affreschi, dei dipinti, delle statue, si sostituiscono le immagini in movimento, destinate a mutamenti e sostituzioni repentine, dettate dalle urgenze dell'informazione e dalle risposte emerse dall'interazione.

Alla staticità e alla monumentalità il *media building* contemporaneo sostituisce la precarietà e il dissolvimento, che trovano parallelismo proprio nel principio del Ribaltamento e dello Svelamento che caratterizza le immagini di Barbieri. Ecco perché le sue città possono essere definite dei *media building*, dei luoghi in cui il principio di abitazione, fondato sulla staticità e sulla permanenza, viene destabilizzato in nome dell'informazione mutante. Informazione sull'attenzione civica, sull'indagine sociale, sull'occhio che scruta e la mente che pensa, sugli spazi reali tradotti in spazi virtuali, sul passaggio da un sistema oggettivo a uno soggettivo che, mettendo in scena la personale visionarietà dell'autore, ci indica la via per nuovi possibili modi di guardare e pensare il mondo.

Passaggi

Viaggi in Italia offre un vero e proprio saggio dell'opera di Olivo Barbieri, la cui forza linguistica e poetica emerge anche dalla capacità di riaffermarsi nella differenza. Differenza di soggetto, ma anche di tecnica e di modo di porsi innanzi al mondo.

Le cinquantadue immagini di questo viaggio italiano possono sostanzialmente raggrupparsi in due sistemi di senso: quello della realtà dell'esistenza, che l'autore rintraccia nelle città (ma anche nei paesaggi naturali), siano esse riprese da terra o dall'elicottero, alla luce diurna o alla luce artificiale, con le persone in presa ravvicinata oppure restituite come una massa brulicante; e il sistema della pittura o, più in genere, dell'arte, che il fotografo riscopre nei musei e negli archivi.

Due sistemi di senso che s'intrecciano continuamente, già di primo acchito. Basti pensare che nelle immagini di città l'attenzione è rivolta prioritariamente all'architettura, quindi ai mutamenti di uno dei linguaggi che contraddistinguono la storia dell'arte italiana; e che nelle fotografie dedicate ai dipinti del passato ritroviamo ancora l'architettura, certo portatrice d'identità stilistiche e formali, ma anche di *modus vivendi* che compongono la realtà dell'esistenza o, ancora, la gente, le persone, che poco peso visivo occupano nelle fotografie di città ma proprio per questo stimolano una riflessione.

Il "mantra" con il quale s'identifica il progetto *Viaggi in Italia* richiama la definizione di "ritornello" data da Deleuze e Guattari: "A volte, il caos è un immenso buco nero, e si cerca di fissarvi un punto fragile come centro. Altre volte si organizza attorno al punto un'andatura (più che una forma) stabile e calma: il buco nero è diventato una dimora"[4].

Ritornello o mantra da intendersi sia come ripetizione della totalità poetica di Barbieri in ogni immagine, sia come ricerca di quella calma e stabilità, solo apparenti, che affiorano dalla dimensione metafisica di ogni fotografia. Per entrare nel vivo di questa valenza poetica e rintracciare la via, in tal caso lineare, che ha condotto l'artista alla sua costante affermazione nella differenza, è doveroso soffermarsi su alcuni passaggi salienti della ricerca. Passaggi avvenuti sulla linea della cronologia e sulla relazione fra realtà e arte, vero e visionarietà, verità e virtualità.

In un dialogo con Angela Vettese Barbieri ha spiegato uno di questi passaggi: "Nei primi lavori cercavo un punto di vista, una distanza tra me e il soggetto. È stata una ricerca forsennata e appassionante: luoghi d'azione erano le periferie. In seguito attraverso l'illuminazione artificiale ho 'scoperto' le città"[5]. È quel senso della scoperta che ci conduce ancora al principio dello Svelamento, con il sapore dell'apocalisse di cui scrive Maffesoli: "nel suo senso originario e originale l'apocalisse rievoca la rivelazione delle cose. Una rivelazione non incoerente, ma *incoattiva*, capace di esprimere la necessaria ri-partenza di quello che si è sclerotizzato"[6]. Una rivelazione, quindi, epifanica, che svela, rivela, anticipa il modo di ricreare, nel caso di Barbieri, l'idea e l'immagine sclerotizzata della città.

La serie di fotografie notturne, molte delle quali raccolte nel libro intitolato *Notte*[7], non è certo un lavoro sull'oscurità, sulla pausa e sul silenzio. Al contrario, è una ricerca fondata sull'assenza d'interruzione, sulla perseverante presenza della visione

e dell'esserci che abita la vita metropolitana. A svelarlo è la luce artificiale, che nella notte afferma e certifica la nostra continua esigenza di riflettori quali indicatori di un sistema di attenzione senza soluzione di continuità. Anche qui Barbieri aziona uno sguardo-pensiero che ribalta l'ordinarietà della percezione. In queste immagini, infatti, non respiriamo il profumo languido e carezzevole della notte, se non nella visionarietà onirica dell'apparizione. Assaporiamo, piuttosto, l'acuta vibrazione di presenze che già contengono in germe l'artificio della finzione sfociata nel progetto *site specific_*.
In *Aci Trezza, Catania 1986* (tav. 4), gli scogli sul mare sembrano pietre preziose pronte ad essere incastonate per dar vita a un monile, fanno slittare la monumentalità della natura nella minuzia dell'artefatto umano. In questo brano di paesaggio naturale l'artista sembra predisporre il paradigma concettuale atto alla nascita dei suoi plastici metropolitani, dove la tecnica della "messa a fuoco selettiva" pare anticipata dal riflesso degli scogli nell'acqua, più somigliante a una morbida pennellata e in questo simile alle sfocature delle città riprese dall'elicottero.
Così come in *Milano 1989* (tav. 6) le statue della vasca nel parco sembrano i protagonisti di un teatrino, di un ambiente chiuso e protetto, mentre l'antica struttura architettonica di *Roma 1992* (tav. 7) delinea il confine tra esterno e interno, diurno e notturno, facendo dialogare gli opposti mediante lo sfondamento degli archi. *Siena 2002* (tav. 19) si distingue dagli altri perché è l'unico notturno in questo libro in cui il fotografo applica il "fuoco selettivo", che nega ancor di più la valenza notturna dell'immagine e iperbolizza la perseveranza della visione con una più tangibile entrata in scena della finzione. Qui la sensazione di osservare un modellino della realtà è forse addirittura più eclatante che nelle visioni aeree, perché la ripresa frontale di un unico monumento e la sua astrazione dal contesto urbano circostante fa apparire il duomo come un gadget-souvenir.
Nel passaggio di Barbieri emerso nel dialogo con Vettese è contenuto un ulteriore aspetto saliente della sua opera: la ricerca di un punto di vista, di una distanza tra sé e il soggetto da fotografare. Ricerca che mi suggerisce il riferimento a un'altra visionarietà, quella di Jodorowsky, certo nata in differenti ambiti di pensiero e sperimentazione, che vanno dal cinema al teatro, dalla letteratura alla psicanalisi fino alla magia. Non per questo, però, distante dal modo con il quale Barbieri si distingue nel linguaggio fotografico. Un modo che riecheggia anche nelle parole dell'eclettico artista cileno: "ho capito che, nella vita come nel sogno, per rimanere lucidi bisogna prendere distanza, agire senza identificarsi con l'azione... È il mio cervello, vale a dire il mio modo di rappresentare il mondo, a farmi da guida. La 'realtà' non esiste di per sé; istante dopo istante, sono io che creo la mia realtà"[8].
Da questa presa di distanza nascono le opere come *alias* del vero, che proprio la tecnica del "fuoco selettivo" concorre a creare. Una tecnica sorta dall'utilizzo del banco ottico, l'evoluzione della prima storica macchina fotografica: una scatola con un foro stenopeico – caratterizzata da un meccanismo di messa a fuoco selettiva – che il fotografo bascula applicando in modo improprio i sistemi per correggere la prospettiva. Così facendo, Barbieri ottiene immagini in cui alle zone dense di dettagli nitidi, che restituiscono il senso di realtà, si affiancano porzioni in cui gli oggetti e la luce appaiono evanescenti e lattiginosi, immersi nel magma della sfocatura.
Con questa tecnica ha affrontato diversi soggetti, che possiamo distinguere in due raggruppamenti (prima di arrivare al soggetto pittorico): l'architettura che attiva la relazione fra natura e tecnologia; e la gente, le masse.
Un emblema della prima tematica ci è dato dal giardino-labirinto della Villa di Caldogno (tav. 10), cinquecentesca costruzione di matrice palladiana che riafferma il concetto rinascimentale della città ideale. Attualizzata dall'artista con l'uomo che

dal centro del labirinto comunica con il telefonino, dove il rimpallo tra messa a fuoco e sfocatura ammicca nuovamente a una simulazione in cui la figura sembra una miniatura di plastica. In questo caso la dimensione tecnologica, legata alla comunicazione via cellulare, non è tangibile, appartiene alla sfera concettuale, dalla quale, però, fa un concreto balzo nella visione offerta dall'opera sugli interni dello stabilimento della Ferrari a Maranello (tav. 13). Progettato dall'architetto Massimiliano Fuksas, è un interessante esempio di connubio tra architettura, natura e tecnologia, con le trasparenze delle ampie vetrate, piante e acquari che convivono con la catena di montaggio e i reparti di una fabbrica simbolo del made in Italy. Nella grande veduta panoramica delle dieci fotografie – realizzate da un punto di vista rialzato, come nel caso di Caldogno e altri ancora, prima di arrivare alle riprese dall'elicottero – l'operatività della fabbrica è sfuggente e, ad eccezione di qualche figurina in camice rosso e bianco, come ha scritto Nicoletta Leonardi, "stupisce la scarsità della presenza umana: chi guarda queste immagini è inevitabilmente portato a chiedersi che fine abbiano fatto gli operai"[9]. La loro scomparsa è solo parziale, è provvisoria e momentanea, rientra nel complessivo disegno di precarietà che caratterizza uno dei pilastri concettuali dell'opera tutta di Barbieri. Nelle sue fotografie l'uomo c'è sempre, perché gli scenari additati sono connotati dall'antropizzazione, sono costrutti umani traslati da Barbieri in scenari virtuali, dove la presenza umana, anche se assente dalla rappresentazione, è intrinseca al senso stesso dell'immagine proprio laddove il tutto appare come una simulazione. Certo ci sono anche i paesaggi naturali, ma abbiamo visto, nel caso degli scogli di Aci Trezza, come l'artista muta un elemento di natura in oggetto di cultura; o, ancora, nell'immagine di Cervinia (tav. 5), come l'imponente verticalità del monte è destabilizzata a valle dall'inquietante sfocatura di un'architettura contemporanea di Carlo Mollino.

L'attenzione all'antropizzazione fa sì che in tutte le opere di Olivo Barbieri vi sia la presenza dell'uomo, che pensa, che progetta, che altera e riscrive il paesaggio, urbano e naturale, interno ed esterno. In qualche caso la presenza dell'uomo diviene però soggetto fondante. L'uomo entra propriamente in scena e apre il capitolo dedicato alla gente. Sempre alle prese con la tecnica del "fuoco selettivo", che abbraccia però le masse, senza mai concedere spazio e tempo all'individuazione del singolo, quasi a voler dire dell'uomo della nostra contemporaneità globale e non dell'uomo delle micro-storie locali. Anche se la territorializzazione gioca comunque il suo ruolo, identificando peculiarità architettoniche e naturalistiche, come nel mare di *Sorrento 2004* (tav. 36), dove le persone disegnano lo spazio nell'acqua, o in piazza Plebiscito a Napoli (tav. 35). Opera composta dalla sequenza di dieci immagini che, mettendo insieme il concetto di unitarietà e quello di frammento, si presenta come una narrazione dell'istante e, al contempo, della sedimentazione, della successione di accadimenti diversi, approssimandosi in tal caso alle singole storie degli individui che attraversano la piazza.

Nei *Centri commerciali sulla via Emilia* (tav. 26-29) si registra un ulteriore avvicinamento alle persone, con qualche volto a fuoco, mai però tra quelli in primissimo piano. Non vanno comunque letti nella logica del ritratto: le figure hanno lo stesso peso dell'architettura d'interni, della lunga teoria di registratori di cassa numerati o di pilastri colorati. Insieme concorrono alla messa in scena del paesaggio antropizzato, anche qui ammiccante al plastico, a una porzione di realtà tradotta in virtualità.

Con *Siena 2002* (tav. 20-22) arriviamo alla folla, plasmata come fosse un tappeto che disegna i margini della piazza, in un caso fuoriuscendo in sfrangiature con il posizionamento di alcune figurine in riga; nell'altro caso tradendo il tracciato del rettangolo con gruppi di persone che, al di là del limite posto, dilatano la valenza

pittorica del *pointillisme*. In una fotografia (tav. 21) la piazza è in bilico, è in procinto di caduta, con la massa di gente destinata a scivolare nelle braccia dell'osservatore, come si trattasse di un gioco, di una simulazione il cui destino è in parte affidato all'interazione con coloro che partecipano alla partita.
Ancora folla nelle immagini degli *Stadi*, di Bari (tav. 23) e di Bologna (tav. 24-25). Una folla che si eleva a costrutto architettonico, affermando la terza dimensione, data dall'informazione, di cui parla Virilio. Barbieri sembra fare, però, un passo ulteriore, perché sono le masse a giocare il ruolo dei grandi schermi: nello stadio di Bari apparendo come un *frame* tratto dalla dinamicità del video, che sembra invece in procinto di sintonizzarsi, nello stadio di Bologna, dove la folla è tutta sfocata come fosse un insieme di pixel.

Dal museo all'elicottero. Andata e ritorno

Lungo questo viaggio nell'opera di Olivo Barbieri, inteso come "provvista" nel senso etimologico di "vedere ciò che sta per accadere", potremmo allora chiederci in cosa risiede il prossimo passaggio.
Riguarda quel mutamento di soggetto che dalla città ci porta alla pittura, dal sistema della realtà al sistema dell'arte. Generato da un interrogativo dell'artista, che si traduce in una personale sfida: cosa accade applicando la tecnica del "fuoco selettivo" ai dipinti, dopo averla praticata per le città?
Primo quadro fotografato, nel 2001, è *Il Quarto Stato* di Pellizza da Volpedo (tav. 41), di cui Barbieri propone una sorta di "animazione", anticipando concettualmente quanto fatto nel 2008 dall'artista e regista inglese Peter Greenaway con *L'ultima cena di Leonardo*, ma senza appellarsi a più linguaggi creativi. Con la sola tecnica della messa a fuoco selettiva l'allegoria sociale del popolo che avanza verso il futuro esce dalla pittura e approda alla realtà. Il rapporto tra fuoco e sfocatura disegna nell'immagine un cono prospettico che nel dipinto accentua la profondità, invece negata dallo stesso Barbieri nelle fotografie delle città. Il popolo dipinto da Pellizza diviene quindi reale, sembra il soggetto di un'istantanea scattata in presa diretta.
Appare così lo Svelamento/Ribaltamento più significativo nella poetica dell'artista: mentre la città nega la propria realtà dentro la simulazione di un plastico, come fosse nei disegni di un laboratorio di progettazione architettonica e urbanistica, la vita esce dalla storia della pittura e avanza fuori dal quadro, all'esterno del museo. Per Olivo Barbieri l'arte e la realtà hanno lo stesso peso, la medesima capacità di influenzarsi e scambiarsi i ruoli.
Nel 2002 decide così di entrare nel museo: nasce il progetto intitolato *Paintings*, una serie d'immagini realizzate fotografando antichi dipinti agli Uffizi di Firenze e poi prosegue, con lo stesso registro concettuale, quest'attenzione all'universo pittorico qui testimoniata da *Urbino 2005* (tav. 8) e *Napoli 2007* (tav. 11-12). Insieme a quelle della villa Schiavone a Casal di Principe (tav. 38-39) queste ultime due opere fanno parte del progetto *TWIY*, acronimo di "the world is yours" (il mondo è tuo), frase pronunciata da Al Pacino nel film *Scarface* del 1983, che Barbieri eleva a titolo di un lavoro sviluppato da un lato sull'archivio fotografico del Museo di Capodimonte e dall'altro sulla villa del camorrista napoletano Walter Schiavone. Nel primo caso l'attenzione si rivolge alla grande pittura, nel secondo al cinema e ancora all'architettura. Al cinema perché, come racconta lo stesso Barbieri in una conversazione con Cristiana Colli, Schiavone aveva fatto costruire la villa in cui voleva abitare ispirandosi a *Scarface* di Brian De Palma, "diede semplicemente la cassetta del film all'architetto. Il fatto straordinario è che questa villa esiste"[10].
Villa che nelle immagini ha il sapore denso della pittura, come in quelle che l'artista

ha realizzato sugli ultimi tre minuti del film di De Palma, dove cinema e fotografia s'intrecciano in una curiosa e vibrante relazione fra vero e fiction.
Vibrazione che si ritrova nelle opere realizzate lavorando sulle lastre degli anni cinquanta, conservate nell'archivio fotografico di Capodimonte, dove le figure umane dei dipinti allora fotografati svelano ancora un passaggio nell'opera di Barbieri.
Un passaggio sottile, ottenuto togliendo gli ombelichi: un semplice gesto, quello del fotografo che, per via di "levare", trasforma la veridicità del corpo dipinto in finzione. Le pance senza ombelichi non appartengono più a corpi umani quanto, piuttosto, a personaggi di plastica o gomma, portando così in tal caso anche l'universo pittorico nella finzione delle città-modellino.
Sempre all'insegna del Ribaltamento e dello Svelamento nel tempo e nello spazio, modulati sul principio del "fuoco selettivo" e di un punto di vista fondato sulla presa di distanza, l'artista ha poi giocato la via dell'iperbole. Figura retorica con cui si esagera, fino all'incredibile, la verità delle cose, l'iperbole di Barbieri nasce dall'estremizzazione della distanza di visione. L'artista sale sull'elicottero, sorvola la città e, da quel punto di vista, negato nell'ordinarietà del quotidiano, rilegge il mondo.
Nuova svolta, questa, dalla quale nasce nel 2003-2004 un grande progetto, un work in progress denominato *site specific_*, composto da immagini fotografiche ma anche da film, realizzati sorvolando territori urbani molto diversi tra loro: da città italiane come Roma, Torino, Milano, Modena alle vaste metropoli di Las Vegas, Los Angeles, Shanghai, New York. Elevandosi ad alcune centinaia di metri al di sopra di città e territori, Barbieri prosegue il suo viaggio con la fotografia aerea avviata da Nadar nel 1858 a Parigi. Sviluppata nei decenni successivi come base per il rilevamento cartografico e come premessa della geo-fotografia dei satelliti d'osservazione, radica in sé il principio del controllo, della sorveglianza e della pianificazione sociale.
Una premessa che in questi *Viaggi in Italia* ritroviamo in *Brescia 2003* (tav. 2): immagine aerea dell'Italia in miniatura appartenente al primo progetto realizzato dall'elicottero. Premessa, dunque, della serie *site specific_*, di cui qui si raccolgono i lavori su Roma, Torino, Modena, L'Aquila, Catania, Milano, Firenze e Genova.
All'interno di questo work in progress, che dal 2004 ci conduce al 2009, emergono ulteriori passaggi, la cui svolta sostanziale appartiene al progetto sulla città di Modena, realizzato nel 2008. Un lavoro in cui l'artista puntualizza i principi del controllo e della sorveglianza quali peculiarità della fotografia aerea adottando il criterio del "mirino", di uno sguardo soggettivo che prende la mira per scrutare e identificare. Puntamento dello sguardo, questo, che entra in scena in forma segnica con le linee rosse atte a identificare un punto dell'immagine: dettaglio architettonico (tav. 42) o figure umane (tav. 43) che in altre immagini dello stesso progetto appaiono ingrandite e connotate da una valenza pittorica dalle cromie sature e gelatinose, in contrapposizione a un altro registro visivo in cui la città appare in tavole monocromatiche a bassa risoluzione. Simili a quelle di *site specific_L'AQUILA 09* (tav. 45-46), tradiscono la visione fotografica per ridurre il sistema di segni alla crudezza di una fotocopia, di un disegno stereometrico o dello schizzo progettuale di un urbanista. Abbiamo visto come la città di Barbieri ha il sapore del plastico, della simulazione di una realtà che così tradotta apre il fronte della virtualità, dove tutto è ancora possibile. Con questo lavoro afferma che la sua città, essendo un plastico, può essere ri-progettata, può ridiventare progetto e quindi disegno.
Nel caso dell'Aquila, però, in alcuni tratti sia gli edifici sia la vegetazione tornano a svelare la veridicità della fotografia e, negli anfratti architettonici del segno, lasciano spazio alla saturazione del nero, che ammicca tanto alla pittura quanto all'immagine fotografica.

Arriviamo così alle immagini di Milano (tav. 49), Firenze (tav. 51) e Genova (tav. 52), le ultime della serie *site specific_*. Permane il sapore del disegno, nella virtuosa mutazione dell'ordine prospettico, nella presenza di antiche architetture risolte come perfette strutture geometriche e in composizioni in cui la particolarità del punto di vista e dell'elaborazione digitale accentuano la bidimensionalità. In queste immagini gli edifici appaiono con estrema pulizia visiva, dettata anche dal netto contrasto tra le ampie zone di nero saturo, che del resto rimanda al principio dello Svelamento dell'invisibile anticipato nelle fotografie notturne.
Questo sottile dosaggio di positivo e negativo, in alcuni casi gestito in modo invertito e reso possibile dalla tecnologia contemporanea, genera anche sottili alterazioni formali, ravvisabili soprattutto nell'immagine di Milano (tav. 49), dove lo snodo urbanistico, già di per sé connotato da una forte contemporaneità progettuale, ha tutto il sapore di una virtualità in atto.
Affiora così un altro ribaltamento nel viaggio di Olivo Barbieri, giocato sul tradimento delle attese perché fondato sulla volontà di depurare la fotografia aerea dal suo lato esotico. Fotografare la città da un elicottero significa proporre un punto di vista insolito, dal quale cogliere la precisione del dettaglio come fossimo vicini al soggetto, ancora a terra, magari dentro le sale di un museo, davanti a un quadro o a una fotografia di architettura.

[1] Tratto dagli scritti raccolti nel Quaderno di Villa Ghirlanda n. 3, 2004, pubblicato in occasione della mostra "Racconti dal paesaggio 1984-2004. A vent'anni da *Viaggio in Italia*", novembre 2004 - febbraio 2005, Museo di Fotografia Contemporanea Villa Ghirlanda - Cinisello Balsamo (Milano).
[2] Olivo Barbieri, *Paesaggi in miniatura*, Forum Ar/Ge Kunst-Art&, Bolzano-Udine 1991, p. 7.
[3] Olivo Barbieri, *Virtual Truths*, Silvana Editoriale, Cinisello Balsamo (Milano) 2001, p. 19.
[4] Gilles Deleuze, Félix Guattari, *Sul ritornello*, Millepiani. Capitalismo e schizofrenia. Sez. III, Castelvecchi, Roma 1997, p. 7.
[5] Olivo Barbieri, *site specific_Modena 08*, Damiani, Bologna 2009.
[6] Michel Maffesoli, *Apocalisse. Rivelazioni sulla socialità postmoderna*, Ipermedium libri, Santa Maria Capua Vetere (Caserta) 2009, p. 22.
[7] Olivo Barbieri, *Notte*, Art&, Udine 1986.
[8] Alejandro Jodorowsky, *Psicomagia. Una terapia panica*, Feltrinelli, Milano 2007.
[9] *Work in progress. 3 fotografi per il Centro per l'Impiego di Modena*, Silvana Editoriale, Cinisello Balsamo (Milano) 2003.
[10] Olivo Barbieri, *TWIY*, Electa, Napoli 2008, p. 24.

Sabrina Zannier

Olivo Barbieri's Viaggi in Italia

Reversing and Revealing

Reversing and Revealing are two terms that characterise all of the photographic explorations of Olivo Barbieri. Woven together in various times, spaces, and modalities, they highlight the unique poetics of his work. It is no coincidence, therefore, that the title of this book hints at a reversal of sorts. It recalls *Viaggio in Italia* (*Voyage in Italy*), an exhibit planned in 1984 by Luigi Ghirri as a large-scale collective project dedicated to the Italian landscape. *Viaggio in Italia* was composed of the work of such photographers as Gabriele Basilico, Vincenzo Castella, Mario Cresci, Guido Guidi, Mimmo Jodice, Luigi Ghirri, and Barbieri himself, photographers who precipitated the renewal of contemporary Italian photography. The most relevent fact about this collective trip through the Italian nation is that it placed photography in dialogue with visual arts, architecture, literature, and cinema, allowing philosophical reflection to avail itself of a photographic vocabulary. One conversation from that time, between Olivo Barbieri and Luigi Ghirri, already contained the essence of the Barbieri's poetics and, I believe, represents the beginning of his thoughts on his own *Viaggi in Italia*. These are multiple voyages, made by one artist alone, that disrupt the 1984 exhibition's notion of a "single" voyage along the peninsula made by twenty photographers. These multiple voyages of Olivo Barbieri together reveal an unusual Italy and the poetic essence of the artist.

"Once I asked Luigi what the point of his work was and he promptly answered, 'truth'. I on the other hand wanted to portray the invisible; perhaps the truth and the invisible are the same thing?"[1]

This question posed by Barbieri contains all of the meanings of Reversing (of the point of view, of the normal way of looking at and approaching the truth) and of Revealing (of new ways of facing the world) that translates truth into virtuality or rather, into possibility. So much so that I am tempted to return to his question and reframe it: does the invisible perhaps indicate the path of the possible?

A project that collects fifty-two images realised between 1982 and 2009, *Viaggi in Italia* covers almost the entire productive life of the photographer. Rather than suggesting the spirit of a retrospective, however, the collection functions more as an essay. Opposing the scientific modes of philological enquiry are the emotion and dynamic sensoriality generated by modifications of the gaze and of the point of view of an artist who seems to ask himself continually how much reality exists within our life structures or, further, how deeply our perception is capable of understanding what surrounds us. An artist who confesses that he has realised that reality, as we perceive it, does not exist. Because of this, he entrusts to art the possibility of producing altered states of consciousness capable of rendering visible those things that normally escape us, thus indicating new paths of reality through the multiple possibilities contained in the dimension of virtuality.

This notion surfaces in Barbieri's photographs, where natural and urban landscapes, architectural backdrops, and teeming masses of people torn away from their individuality are born from a distancing that transforms truth into fiction and the city into a plastic model. But it is precisely in this visionary approach that places reaffirm their own existence, because Barbieri's ability to avoid a pedantic view of truth in his images spotlights the metamorphoses of urbanisation and the modifications of the landscape anthropised as it were a large organic body. The landscape is an organism in which nothing dies but everything is transformed, one characterised by a feeling of precariousness that undermines the solidity of the past and of history, overthrowing the very principle of monumentality, and one for which a new point of view or another mode of seeing offers a new interpretation of a building, of a monument, of an urban intersection.

From this travel in Barbieri's work, an entirely Italian voyage takes shape. This is a plural voyage because it collects different moments, different travels through the cities of Italy, through the provincial towns, through the mountains and at the sea, sheltered by architectures, both interior and exterior. It is a voyage of urban developments captured from a helicopter, where the people, the vehicles, the trees seem like minute plastic components, and of group scenes, shot from the ground, where the people take centre stage, in or out of focus with respect to their surroundings.

Viaggi in Italia is a collection of glances and narratives that, like an eccentric novel, open a story with each image, a story linked to a place and to its people. These many places and many people together delineate the complex appearance of Italy.

The Italy of Barbieri is not the Italy visible to the eyes of the tourist. It is rather the Italy seen and lived by an Italian artist who has travelled the world, and who, with his gaze filled with other worlds and stories, manages to show Italy with entirely new dimensional relationships, even when confronted with architecture and scenes already filtered by the collective imaginary.

From the sublime Italy of mountainous and maritime landscapes, night and day, to the splendour of classical and contemporary painting and architecture; from the interior of the Ferrari plant, in which high technology blends with nature, to the severe and disturbing interiors of courtrooms photographed in 2000, and further to the stadiums that seem like gigantic videogames, the book illustrates the face of a changeable Italy that is transformed by the efforts of men, of those who plan it and those who live it. They live it in the stadium but also in the shopping centres, and transform it through the construction sites, captured from above in *site specific_TORINO 06* (figs. 32-34) or reduced to piles that waver between the lunar landscape and the countryside of the Far East.

These people swarm like an anthill in the photographs of the Palio of Siena, slipping along the edge of pointillism; or they are people already captured in the past, as in *Milano 2001* (fig. 41), where Barbieri rereads *Il Quarto Stato* (*The Fourth Estate*), the most celebrated work of Pellizza da Volpedo, painted in 1901. Pictorial symbol of the 20th century, a social allegory of a people advancing towards a bright future, in this book this image functions as a point of arrival for other images. The images are no longer those of a sublime Italy, of the labyrinth of the Palladian villa of Caldogno (fig. 10) or of an ideal Renaissance city (fig. 8), but of a problematic and problematised Italy: that of the monstrous hotel in Vico Equense (fig. 37), an immense crumbling architectonic structure on the Vietri coast, or of the villa of Walter Schiavone, member of the Camorra, at Casal di Principe (figs. 38-39), of the earthquakes of Naples and L'Aquila or even of the garbage man in Palermo. These are other images, small epiphanies in moments of change, always related to human beings: the person who reacts by writing on walls, the person who reconstructs and rethinks spaces.

Olivo Barbieri works with images, but his work is above all a work on thought, on the way to face reality and on the way to look at it and thus to think of it. For him, architecture is a "materialisation of thought"[2], and the wider narrative of *Viaggi in Italia* rests upon a narrative thought that hints at the writing of Gertrude Stein – where extraordinary abstractions are born from the observation of the real – and at the work of William Burroughs – in which science fiction is not found in its extremes of spaceships and monsters, but surfaces in a visionary gaze that transforms cities into metaphysical landscapes, locating the evolving setting of the novel not within external human space but within internal space, thus still in thought and in the individual capacity to find the elsewhere in the gaps of existence. Here again we find the principles of Reversing (of ordinary vision) and of Revealing (of the invisible, of the elsewhere that inhabits reality), that throughout Barbieri's work generate reflections of the forms of the estrangement of perception.

Viaggi in Italia presents itself as an essay, as I suggest above. It is an essay that in its dynamism gathers different photographic cycles, based on the time periods to which their creation belongs, on the techniques used, and on the ways of facing the world. These cycles are all united, however, by the desire constantly to reverse and reveal. In order to respect this poetic peculiarity, the comprehensive tale of these voyages in Italy cannot, of course, be accomplished through philological and chronological linearity. It needs to be based on the visual and conceptual autonomy of each photograph, and on the ability of each to interact with the others, so that from one image to the next, assonances or dissonances affirm a creative thought that reconfirms its own existence through changes and reversals.

There is no chronological sequence, then, no thematic metre, but rather a kind of mantra that frees the mind from thoughts of a linear chronology and amplifies a process of gradual concentration, through repetition and the possibility of beginning at any point, or rather from any image.

The repetition introduces the idea of cyclicity to the conversation and suggests a parallel between the works of Olivo Barbieri and the thinking of French sociologist Michel Maffesoli. According to Maffesoli, the idea of contemporary process no longer coincides with the straight line that leads from before to after, but rather with the figure of the spiral that incorporates the past, reforming it for the future.

Viaggi in Italia is a book that can be begun from any page. Because the fifty-two published images are fifty-two stories from the same "novel", they tell us different fragments of an Italy that arrives from the past to the present through a completely contemporary spiral rhythm.

The ideal, Renaissance-inspired city and the Italy in which nature breathes through architecture are now flanked by the country in a state of criticality, full of technological innovation. All together, they show that the sublime of the present can spring from the interlacing of past and present, from an ethical conscience capable of translating complexity into new meanings.

To conceive of this book as a mantra that repeats in a spiral means that we must first of all undertake a voyage in time and space. This voyage must be interpreted in the first sense of the word, rooted in the Latin *viaticum*, properly understood as "provision for the trip", where "provision" comes from *providere*, to see forward, to foresee, to see that which is about to happen. In this meaning of voyage we perceive the separation of each photograph from a linear path in time or space, as well as a capacity to be "provision", that is a capacity to contain a synthesis of what Barbieri experienced and affirmed in preceding photographs and the seeds of what he will achieve in those following.

In time and space

Space and time are fundamental dimensions in the photographic vocabulary, as in literature, that change depending on the level of connection to reality that each artist imparts to his work. They are the product of a precise choice of vision and narration that slips into the realm of philosophical reflection. This choice sometimes draws particular attention to the spirit of the moment that emerges from the *modus vivendi* and from the collective imaginary, as in the work of Olivo Barbieri.

The temporal dimension that informs his photographs is cyclical, giving weight to memory, yet also betraying it by persistently bringing it into question because of the innovation of the gaze that reinterprets it. If the image of the spiral suggested by Maffesoli is flanked by the parallel ideas of Edgar Morin and Paul Virilio, who also emphasise the necessity of conserving cultural heritage without sacrificing the present (of memory) on the altar of the future, in the case of Barbieri it is also possible to refer to the temporal condensate that Virilio defines as the "perspective of the present moment". This dimension consists of two types of memory: "real, traditional memory", that of the past, preserved in books and in paintings... and "virtual memory", that deals with the present and telepresence and is thus a system of knowledge in flux, full of potential because it is in the process of occurring.

The voyage through time that emerges from this book is not, then, only the one dictated by the chronology of the images' creation. It is also the voyage through the time that resides in the places, buildings, scenes and situations that have been chosen as subjects of investigation. This is the time that has passed, that along the way has become the bearer of ideas and of stylistic elements. We see this past time in the buildings and the monuments, the tangible witnesses of the history of architecture; in the aerial visions of cityscapes, that reveal the developments and metamorphoses of urban planning; in the paintings or the antique photographic plates that Barbieri has photographed in museums and archives, exploring through them the history of painting and losing himself in the depths of yet another memory. Virilio would call it "real memory", but it is wrapped by the artist within "virtual memory": the memory of his own investigative gaze dedicated to reversing and to revealing and the memory of the possibilities offered by the constant innovation of technology.

The dimension of space affects the photographic subject as well, but in a more tangible way. Although the principle subject of all of Barbieri's photographic explorations is architecture, one should certainly not leave out another subject, painting, that acquires an extraordinary relevance for a comprehensive reading of his poetics, as we shall see. This subject emerges from the type of "visual essay" that is comprised by *Viaggi in Italia*. Focusing for a moment on the architectural and urban subject, it is important to emphasise that the artist never considers it to be a stable subject. Because the urban locations that he contemplates are of human construction, any understanding of the continual process of change draws on anthropology, sociology, stylistic exploration, and the constant examination of the relationship between history and contemporaneity. It is in these disciplinary interstices that one finds the temporality that has become memory.

Space, as explored and recreated by Barbieri, is not only that of the city that we see in the image, but also that of places previously lived, crossed, experienced, and photographed, which from one moment to another contribute to the changing of points of view and of modalities of vision. We must not forget, for example, the importance of his experiences in China, in Japan, and in general in the countries of the Far East, suspended between the history of ancient civilisations and the astounding process of high technological modernisation. It is here that he absorbed the continuing dialogue between opposites and the co-existence of alterity, reinforcing a questioning of many of the West's certainties. Foremost among these certainties are the traditional idea of photography as an objective instrument that transcribes reality and the concept of the city as a space based upon principles of stability and monumentality.

By incorporating anthropisation, Barbieri's cities present us with urban and architectural constructions as if they were living organisms. This suggests a conceptual thread that leads from biology and chemistry to Eastern philosophy, and the possibility of a nexus between the aphorism of the father of modern chemistry, Antoine Lavoisier – "Nothing is lost, nothing is created, everything is transformed" – and the dualism of opposites inherent in Eastern thought. Within this dangerous intersection, in which the concept of transformation causes a contemplation of the coexistence of destruction and creation, we can read the double principle of Reversing and Revealing in Barbieri's work. Indeed, the carrying out of reversing implies a destruction and revealing means creation. This principle underlies all of his photographs and, from one image to another, from one vision to another, from one experience to another, produces the layerings that allow us to speak of a condensate of memory and of the constant innovation of the estrangement of perception.

I recall the astonishment that Barbieri reports having felt in Shanghai, where he was struck by the vertical growth of the city, pierced by one skyscraper in 1989 and by almost two thousand in 2009. Astonished observation remains part of his vision, producing further ways of looking at and conceiving of the city. This vision rejects neat distinctions between light and shadow, as we see in the numerous nocturnal photographs containing an investigation of artificial light, where light and shadow are placed in continual dialogue, with which he distinguished himself at the beginning of his explorations. The same quest is pursued with the technique of partial focus, creating distinctions between clearly focused areas and unfocused areas that generate an intriguing estrangement of perception.

We see this in *site specific_ROMA 04* (fig. 30), where the image of the Pantheon emerges with fresh dimensional relationships: it loses the monumentality of a symbolic construction of the past, it de-culturalises its semantic depth in order to seem like a flying saucer hovering over the world, a spinning alien object about to land or take off, further destabilising the space-time coordinates of the urban scene in which it appears.

In the image of the bridge of Potenza from 1999 (fig. 1) as Hubertus von Amelunxen has already observed, "the principal feature is not so much the bridge in itself but rather the thrust, here barely hinted at, that translates the horizon"s line through the ever-taller buildings"[3]. This translation occurs in the name of the triumphant verticality seen in China and reinforced by the ethical viewpoint that attempts not to occupy the green space of the ground. The buildings that appear above the bridge in this photograph, seem like some sort of elevated model, a kind of counterfeit of a city that will come but is already present, standing out against the sky marked off by the horizontal trajectory of the bridge, a new horizon between here and elsewhere.

Olivo Barbieri's city could be defined as a type of "media building", Paul Virilio's term for constructions in which the function of information overwhelms that of habitation, constructions that dominate Shanghai, the city which contains more of them than any other. These are spaces in which information has an urban, collective, active and interactive dimension, and is no longer individual because it is no longer chained to the small screen or the portable phone. The oldest examples of media buildings are museums – whose aim is the collection not only of the physical works exhibited but also of the information relating to them – and cathedrals, or religious constructions in general, also sites of mass communication.

The most modern examples, that however recall antiquity in their function of socialisation, are found in certain plazas, like Times Square, and in stadiums, where the big screens are

as important as the stands, so much so that they contribute, as Virilio claims, a third dimension given over to information, with which architecture must concern itself along with the dimensions of size and energy. We see its parallel in museums, but unlike the static and passive images of frescoes, of paintings, or of statues, these images are in motion, fated to undergo changes and sudden substitutions dictated by the demands of information and of the responses that emerge from interaction.
For immobility and monumentality, the contemporary media building substitutes precariousness and dissolution, which find parallels in the principle of Reversing and Revealing that characterises Barbieri's images. This is why his cities can be defined by media buildings, by sites in which the principle of habitation, founded on stability and on permanence, is destabilised in the name of mutating information. Information about attention to civic matters, about social investigation, about the gaze that examines and the mind that considers, about real spaces transformed into virtual spaces, about landscapes that shift from an objective to a subjective system that shows us the path to possible new ways of looking and thinking of the world, by introducing the personal, visionary glance of the artist.

Shifts

Viaggi in Italia offers a true portrait of the work of Olivo Barbieri, in which the linguistic and poetic force emerges as well from an ability to find self-affirmation in difference, not only of subject, but also of technique and of how to approach the world.
The fifty-two images in this Italian voyage can essentially be grouped according to two systems of meaning. The first is that of the reality of existence, which the author traces through the cities (and also through the natural landscapes), whether shot from the ground or from a helicopter, by daylight or with artificial light, with the human subjects seen in close-up or conveyed as a teeming mass; the second is that of painting, or, more generally, of art, that the photographer rediscovers in museums and archives. These two systems of meaning are continually intertwined from the very beginning. Suffice it to consider that in the images of cities, attention is paid first of all to architecture, that is to the mutations of one of the languages that distinguish the history of Italian art; and that in the photographs dedicated to the paintings of the past we find again architecture, as the bearer, of course, of stylistic and formal identities, but also of the *modus vivendi* that compose the reality of existence, or further, of the people, the individuals, who take up so little visual weight in the photographs of cities but for this very reason stimulate thought.
The "mantra" that pervades the project *Viaggi in Italia* recalls the definition of "refrain" given by Deleuze and Guattari: "Sometimes chaos is an immense black hole in which one endeavors to fix a fragile point as a center. Sometimes one organizes around that point a calm and stable 'pace' (rather than a form): the black hole has become a home"[4]. This is a refrain or mantra understood both as a repetition in each image of Barbieri's poetic totality and as a search for those apparent calm and stability that emerge from the metaphysical dimension of each photograph. In order to enter into the life of this poetic value and to trace the path, in this case linear, that led the artist to his constant affirmation in difference, it is necessary to pause and reflect on several significant shifts his search. These shifts occur along the line of chronology as well as along the relationship between reality and art, things true and visionary, truth and virtuality.
In a conversation with Angela Vettese, Barbieri explained one of these shifts: "In my early works I was looking for a point of view, a distance between me and the subject. It was a heady, passionate quest, the setting for which was always the city limits. After that, through artificial lighting I 'discovered' cities"[5]. It is that sense of discovery that

leads us again to the principle of Revealing, that recalls the apocalypse that Maffesoli writes about: "in its originary and original sense the apocalypse re-evokes the revelation of things. A revelation that is not incoherent but *incoercive*, capable of expressing the necessary re-departure from that which has sclerosed"[6]. It is, then, an epiphanic revelation, one that unveils, reveals, anticipates the method of recreation of, in the case of Barbieri, the idea and the sclerosed image of the city.

The series of night-time photographs, many of which are collected in the book titled *Notte*[7], is not a work on darkness, on breaks, and on silence. On the contrary, it is an investigation based on the absence of interruption, on the persistent presence of vision and of the being present that informs metropolitan life. It is revealed by artificial light, that through the night affirms and certifies our continual need for spotlights as guides through a system of attention without the possibility of a resolving continuity. Here too Barbieri activates a gaze-thought that overturns the ordinariness of perception. Indeed, in these images we do not sense the languid and coaxing air of the night, except through the visionary oneiric apparition. We feel, rather, the sharp vibrations of presences that already contain the seeds of the artificiality of fiction that develops in the project *site specific_*.

In *Aci Trezza, Catania 1986* (fig. 4), the rocks in the sea seem like precious gems ready to be set in a piece of jewellery, forcing the monumentality of nature to slide into the minutiae of human artefact. In this piece of natural landscape, the artist seems to prepare the conceptual paradigm to be capable of his metropolitan models, whose technique of selective focus seems to be anticipated by the reflection of the rocks in the water, resembling a soft brush-stroke, and in this sense similar to the unfocused zones of the cities captured from helicopter.

Similarly, in *Milano 1989* (fig. 6), the statues in the park's pool seem to be the characters in a little theatre, in a closed and protected environment, while the antique architectural structure of *Roma 1992* (fig. 7) draws the boundary between inside and outside, day and night, forcing opposites into a dialogue through the background of the arches. *Siena 2002* (fig. 19) is distinct from the others because it is the only night scene in this book in which the photographer uses selective focus, which denies even further the nocturnal significance of the image and hyperbolises the persistence of vision with a more tangible appearance of fiction. Here the sense of observing a model of reality is perhaps even more striking than in the aerial visions, because the head-on shot of a single monument and its abstraction from the surrounding urban context make the duomo seem like a souvenir toy.

Within the shift in Barbieri's work that he mentions in his conversation with Vettese there is another important aspect of his work: the search for a point of view, for a distance between himself and the photographic subject. This is a search that recalls another type of visionary experience, that of Jodorowsky, which stems from different thought and experimental environments, from the cinema to the theatre, from literature to psychoanalysis and all the way to magic. For all this, though, it is not far from the way in which Barbieri distinguishes himself through his photographic vocabulary. Barbieri's modality echoes in the words of the versatile Chilean artist: "I came to understand that, in life as in dreams, in order to remain lucid it is necessary to maintain a distance, to act without identifying oneself with the action... It is my brain, by which I mean my mode of representing the world, that guides me. 'Reality' does not exist in and of itself; from one instant to the next it is I who create my reality"[8].

From this distancing are born works as the alias of the true, works that just the "selective focus" technique combines to create. This technique derives from the use of the view camera, an evolution of the first historical camera: a box with a stenopaic opening

– characterised by a mechanism for selective focus – that the photographer tilts, using the systems for correcting perspective to another purpose. Thus, Barbieri obtains images in which areas full of tiny, precise details that restore the sense of reality, are flanked by areas in which objects and light appear evanescent and milky, immersed in their own lack of focus.
Using this technique he has approached a variety of subjects, which can be divided into two groups (this even before approaching the pictorial subject): architecture that enacts the relationship between nature and technology; and people, crowds.
An emblem of the first theme is present in the garden-labyrinth of the Villa di Caldogno (fig. 10), a 16th-century Palladian-style construction that reaffirms the Renaissance concept of the ideal city. The artist updates it with a man who is speaking from the centre of the labyrinth on a cellular phone, in a work where the juxtaposition of in and out of focus hints again at a counterfeit in which the figure seems to be a plastic miniature. In this example, the technological dimension, linked to communication by cellular phone, is intangible; it belongs to the conceptual sphere. Technology, however, escapes this sphere in the vision offered by Barbieri's work inside the Ferrari factory in Maranello (fig. 13). Planned by the architect Massimiliano Fuksas, the factory is a fascinating example of the union of architecture, nature, and technology, with the transparencies of the wide windows, plants, and aquariums that coexist with the assembly line and the divisions of a factory that has become a symbol of the "Made in Italy". The large panoramic views of the ten photographs are taken from an elevated point of view as was the case with Caldogno as well as others, even before Barbieri's shoots from helicopter. In this view, the functionality of the factory is elusive and, with the exception of a few tiny figures in red and white shirts, as Nicoletta Leonardi writes, "what is immediately striking is the almost total absence of human figures: whoever looks at these images ends up wondering what happened to the workers"[9]. Their disappearance is only partial; it is temporary and brief. It figures, however, into the overall depiction of precariousness that is one of the conceptual pillars of all of Barbieri's work. In his photographs, man is always present, because the scenes portrayed are marked by anthropisation. They are human constructions transformed by Barbieri into virtual scenes, where the human presence, even if it is absent from the representation itself, is intrinsic to the very meaning of the image exactly in the moment when it appears to be a counterfeit. There are certainly also natural landscapes, but we have seen in the case of the rocks in Aci Trezza how the artist converts an element of nature into a cultural object. We see as well in the image of Cervinia (fig. 5) how the imposing verticality of the mountain is destabilised downhill by the disquieting lack of focus in Carlo Mollino's contemporary architecture. This attention to anthropisation means that there is a human presence in all of the works of Olivo Barbieri. It is the presence of those who think, who plan, who alter and rewrite the landscape, both urban and natural, interior and exterior. In some cases, however, the presence of man becomes the subject itself. Man takes the stage and opens the chapter dedicated to people, always dealing with the technique of "selective focus", which embraces the crowds without ever conceding space and time to the individuation of any single person, as if to speak of the man who belongs to contemporary globality and not the one of local micro-narratives. Despite this, territorialisation does have a role to play, identifying architectural and natural peculiarities, like the sea of *Sorrento 2004* (fig. 36), where the people delineate space in the water, or in Piazza Plebiscito in Naples (fig. 35). This latter work is composed of a sequence of ten images that, combining the idea of the unified whole with that of the fragment, presents itself as a narration of an instant and at the same time, of sedimentation, of the succession of different events, approaching the single stories of the individuals crossing the plaza.

In *Centri commerciali sulla via Emilia* (*Shopping centres along the via Emilia*; figs. 26-29), we witness a further step towards people, with some faces in focus, although never those in the very foreground. These cannot be read with the logic of portraiture: the figures have the same weight as the interior architecture, as the long row of numbered cash registers or as the coloured pillars. Together they contribute to the foregrounding of the anthropised landscape, hinting here as well at the plastic model, to a piece of reality translated into virtuality.
With *Siena 2002* (figs. 20-22), we arrive at the crowd, moulded as if it were a carpet that demarcates the edges of the piazza, in one case spilling out like a fringe with the positioning of certain figures in lines; in another, the rectangular trace is disrupted by groups of people who, moving past the established boundary, expand the pictorial reach of pointillism. In one photograph (fig. 21) the piazza appears to be hovering, about to fall, with the masses of people fated to slide into the arms of the observer, as if in a game, a simulation whose outcome is in part trusted to the interaction with those who are participating in the play.
Other crowds appear in the images of *Stadi* (*Stadiums*), in Bari (fig. 23) and in Bologna (figs. 24-25). The crowds here are raised to the level of architectural significance, affirming the third dimension, given by information, of which Virilio speaks. Barbieri, however, seems to take a further step, because it is the crowds that play the role of the big screens. In the stadium in Bari they appear to be a frame taken from the dynamism of video, on the verge of being tuned in. In the stadium of Bologna, the crowd is completely out of focus as if merely a group of pixels.

From the museum to the helicopter. Return trip
Throughout this journey through Olivo Barbieri's works, understood as "provisioned" in the etymological sense of "seeing what is about to occur", we could ask ourselves what the next shift will involve.
This regards the change of subject that brings us from cities to painting, from the system of reality to the system of art. This shift is generated by a question posed by the artist, which becomes a personal challenge: what happens when the technique of "selective focus" is applied to paintings, after having been practised with cities?
The first painting photographed, in 2001, is *Il Quarto stato* (*The Fourth Estate*) by Pellizza da Volpedo (fig. 41), from which Barbieri proposes a sort of "animation", conceptually anticipating English artist and filmmaker Peter Greenaway's work with *Leonardo's Last Supper*, but without appealing to other creative vocabularies. With only the technique of selective focus, the social allegory of a people advancing towards the future emerges from the paint and arrives in reality. The relationship between focus and blurring creates a perspective cone within the image that accentuates the depth of the painting, a depth that was denied by Barbieri himself in his photographs of cities. The people painted by Pellizza thus become real; they seem to be the subject of a live shoot.
Thus we see the most significant Reversing/Revealing in the artist's poetics. While the city denies its own reality in the counterfeiting of a model, as if it were in the designs of an architectural and urban planning firm, life comes out of the history of painting and steps out from the painting, outside the museum.
For Olivo Barbieri, art and reality have the same weight, and the same capacity to affect each other and exchange places.
In 2002 he decided to enter the museum. This decision is the starting point for the project *Paintings*, a series of images created by photographing antique paintings in the Uffizi of Florence. He then continued his attentions to the pictorial world in the same conceptual vein, as we see here with *Urbino 2005* (fig. 8) and *Napoli 2007* (figs. 11-12). Along

with the photographs of the Schiavone villa in Casal di Principe (figs. 38-39), these last two works form part of the project *TWIY*, an acronym for "the world is yours", the statement of Al Pacino in the 1983 film *Scarface*. Barbieri elevates this acronym to be the title of a work developed on one hand around the photographic archive of the Capodimonte museum and on the other around the villa of Neapolitan Camorra-member Walter Schiavone. In the former aspect, Barbieri pays attention to great painting; in the latter to cinema and, yet again, to architecture. This project involves cinema because, as Barbieri himself related in a conversation with Cristiana Colli, Schiavone was inspired by Brian De Palma's *Scarface* when he had the villa built: "all he did was give the architect the video of the film. The extraordinary thing is that this villa actually exists"[10].

In the images, the villa has the dense flavour of painting, like the images that the artist constructs around the last three minutes of De Palma's film, where cinema and photography intertwine in a curious and resonant mixture of truth and fiction. This resonance is also found in the pieces created working with the photographic plates from the 1950s preserved in the photographic archive of Capodimonte. The human figures of the paintings photographed at that time reveal yet another shift in Barbieri's work. This shift is subtle, obtained by removing the navels: a simple act, this one of the photographer who, by removing, transforms the truthfulness of the painted body into fiction. These stomachs without navels no longer belong to human bodies so much as to plastic or rubber characters, thus bringing into the pictorial universe the fiction of the model-cities.

Always under the banner of Reversing and Revealing in time and space, modulated around the principle of "selective focus" and a point of view based on distance, the artist plays with hyperbole. A rhetorical figure in which truth is exaggerated to the point of incredibility, hyperbole is created in Barbieri's work by taking visual distance to an extreme. The artist climbs into a helicopter, flies over the city, and from that point of view, one that denies the ordinariness of daily existence, rereads the world.

This is another turning point, from which a project is born in 2003-2004 called *site specific_*, composed of photographic but also filmic images created from above a variety of urban landscapes: from Italian cities like Rome, Turin, Milan, and Modena to the large metropolises of Las Vegas, Los Angeles, Shanghai, and New York. Rising to several hundred metres above these cities and areas, Barbieri pursues his travels with the aerial photography pioneered by Nadar in Paris in 1858. This type of photography, developed in the decades following 1858, was a foundation for cartographic surveying as well as the precursor to the geo-photography of observation satellites. It is rooted in principles of control, surveillance, and social planning.

This premise is found in *Viaggi in Italia* in *Brescia 2003* (fig. 2), an aerial image of a miniature Italy that belongs to the first project shot from a helicopter. It is also the premise of the series *site specific_*, of which *Viaggi in Italia* presents work from Rome, Turin, Modena, L'Aquila, Catania, Milan, Florence, and Genoa.

Within this work in progress, which leads us from 2004 to 2009, other shifts emerge as well, including the significant turning point marked by the project on the city of Modena, carried out in 2008. The artist here defines the principles of control and surveillance as peculiarities of aerial photography by adopting the principle of the "viewfinder", of a subjective gaze that aims to scrutinise and identify. Sighting here enters the image in symbolic form with the red cross-hairs that identify a particular point of the image: an architectural detail (fig. 42) or human figures (fig. 43). In other images from the same project, these points appear enlarged and endowed with significance through the pictorial aspect of saturated and gelatinous colours, in comparison to another

visual register in which the city appears in low-resolution monochrome. Like the images of *site specific_L'AQUILA 09* (figs. 45-46), they betray the photographic vision in order to reduce the sign system to the crudity of a photocopy, of a stereometric drawing, or of the project sketch of an urban planner. We have seen how Barbieri's cities feel like models, like counterfeits of a reality whose translation opens the door to virtuality, where everything is still possible. With this work, he confirms that his city, being a model, can be re-designed, can become again a project and thus a drawing.
In the case of L'Aquila, however, in certain places both the buildings and the vegetation reveal the veracity of the photograph, and, in the architectural gaps, leave space for saturated black, hinting as much at painting as at a photographic image.
Thus we arrive at the images of Milan (fig. 49), Florence (fig. 51), and Genoa (fig. 52), the last of the *site specific_* series. The sense of a sketch remains, in the masterful manipulation of prospective, in the presence of antique architecture resolved into perfect geometrical structures, and in compositions in which the singularity of the point of view and the digital processing highlight bidimensionality. In these images, the buildings appear with an extraordinary visual purity, emphasised as well by the distinct contrast between the large areas of saturated black, which recall the principle of Revealing of the invisible anticipated in the night photographs.
This shrewd measuring of positive and negative, sometimes inverted, and made possible by contemporary technology, also generates subtle formal alterations. These changes are most recognisable in the image of Milan (fig. 49), in which the urban intersection, already bearing strong contemporary design connotations, feels most like the enactment of virtuality.
Thus emerges another Reversing in Olivo Barbieri's travels, which is played out through the betrayal of expectations because it is based on the desire to purify aerial photography of its exotic side. Photographing the city from a helicopter means proposing an unusual point of view, from which to capture the precise details as if we were near the subject, still on earth, perhaps within a museum gallery, in front of a painting or a photograph of architecture.

[1] Taken from the writings collected in *Quaderno di Villa Ghirlanda* no. 3, 2004, published for the exhibition *Racconti dal paesaggio 1984-2004. A vent'anni da "Viaggio in Italia"*, November 2004-February 2005, Museo di Fotografia Contemporanea, Villa Ghirlanda, Cinisello Balsamo (Milano) (trans. by AS).

[2] Olivo Barbieri, *Paesaggi in miniatura*, Forum Ar/Ge Kunst-Art&, Bolzano-Udine 1991, p. 7 (trans. by AS).

[3] Olivo Barbieri, *Virtual Truths*, Silvana Editoriale, Cinisello Balsamo (Milano) 2001.

[4] Gilles Deleuze, Félix Guattari, *One Thousand Plateaus. Capitalism and Schizophrenia*, trans. by Brian Massumi, Continuum, New York 2004, p. 344.

[5] Olivo Barbieri, *site specific_Modena 08*, Damiani, Bologna 2009.

[6] Michel Maffesoli, *Apocalisse. Rivelazioni sulla socialità postmoderna*, Ipermedium libri, Santa Maria Capua Vetere (Caserta) 2009, p. 22 (trans. by AS).

[7] Olivo Barbieri, *Notte*, Art&, Udine 1986.

[8] Alejandro Jodorowsky, *Psicomagia. Una terapia panica*, Feltrinelli, Milano 2007 (trans. by AS).

[9] *Work in progress. 3 fotografi per il Centro per l'Impiego di Modena*, Silvana Editoriale, Cinisello Balsamo (Milano) 2003.

[10] Olivo Barbieri, *TWIY*, Electa, Napoli 2008, p. 24.

Viaggi in Italia 1982–2009

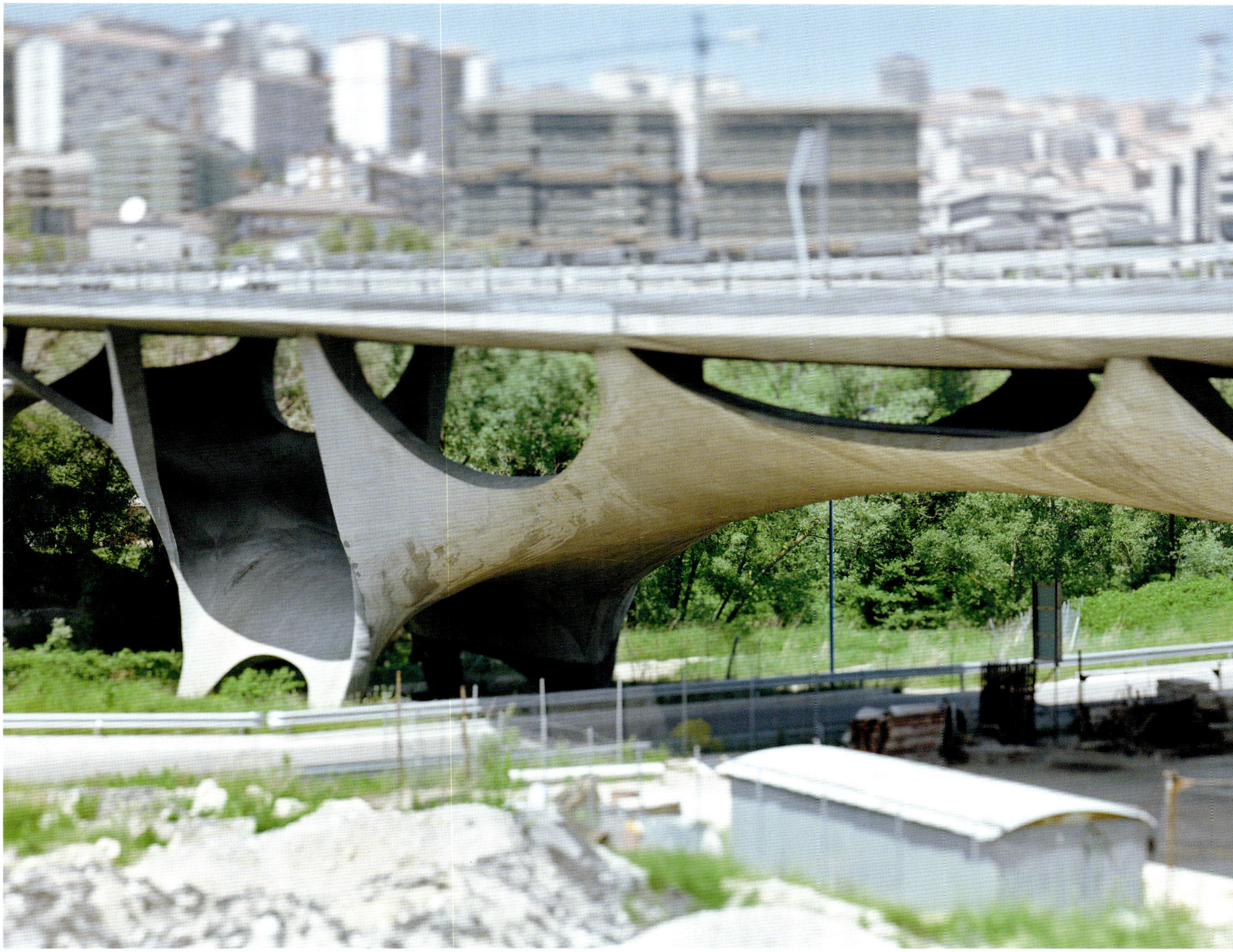

1. *Potenza 1999*

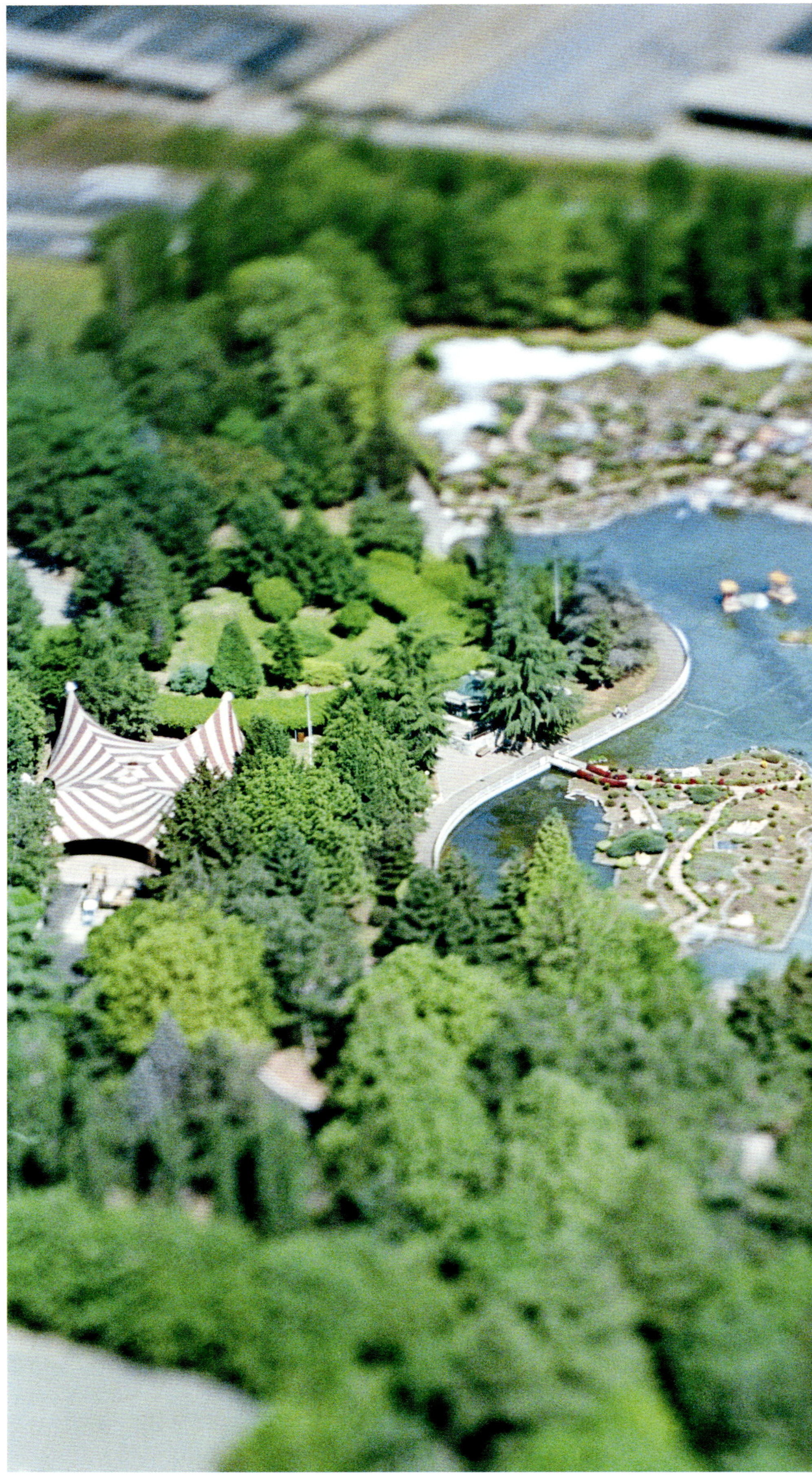

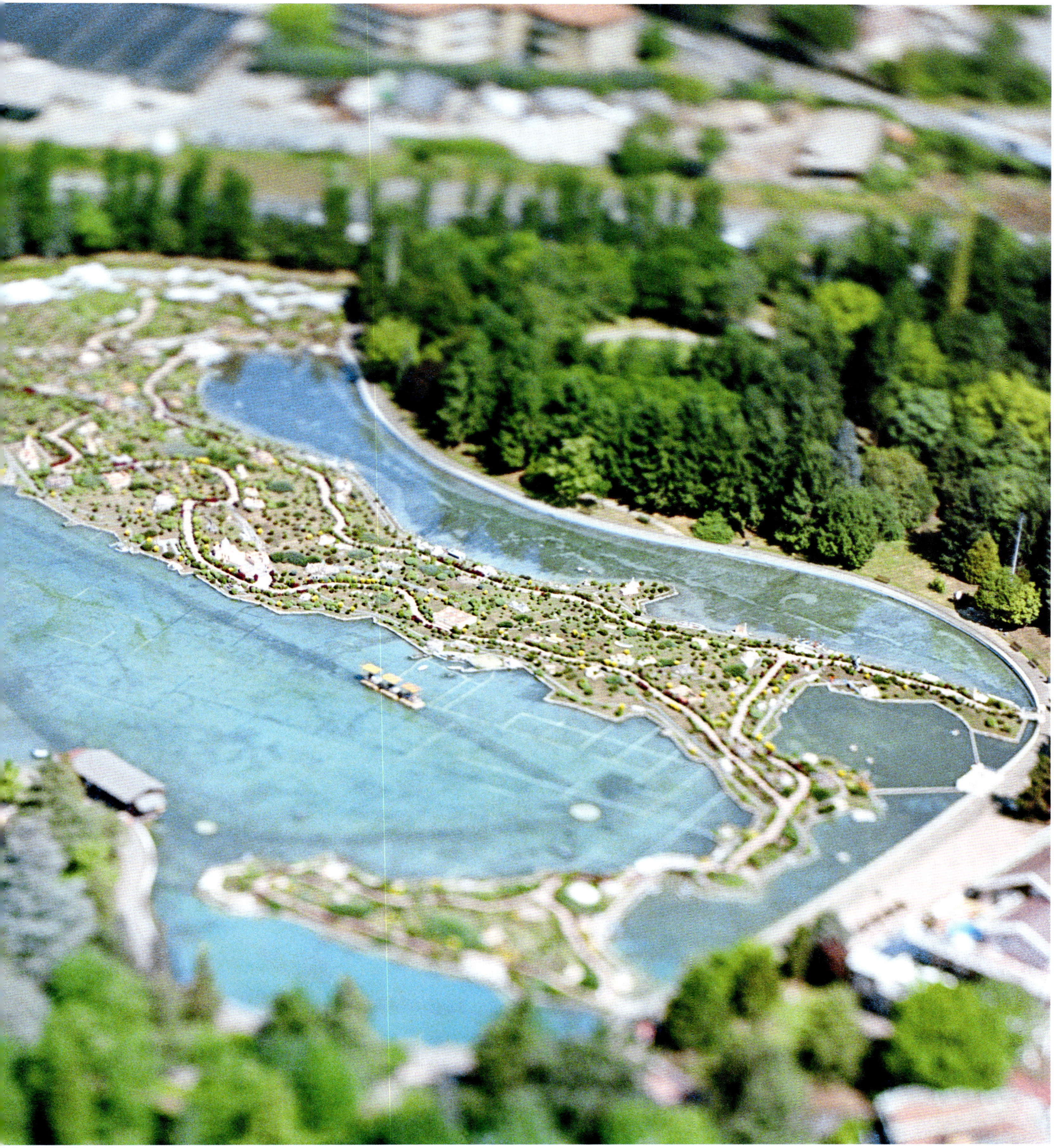

2. *Brescia 2003*

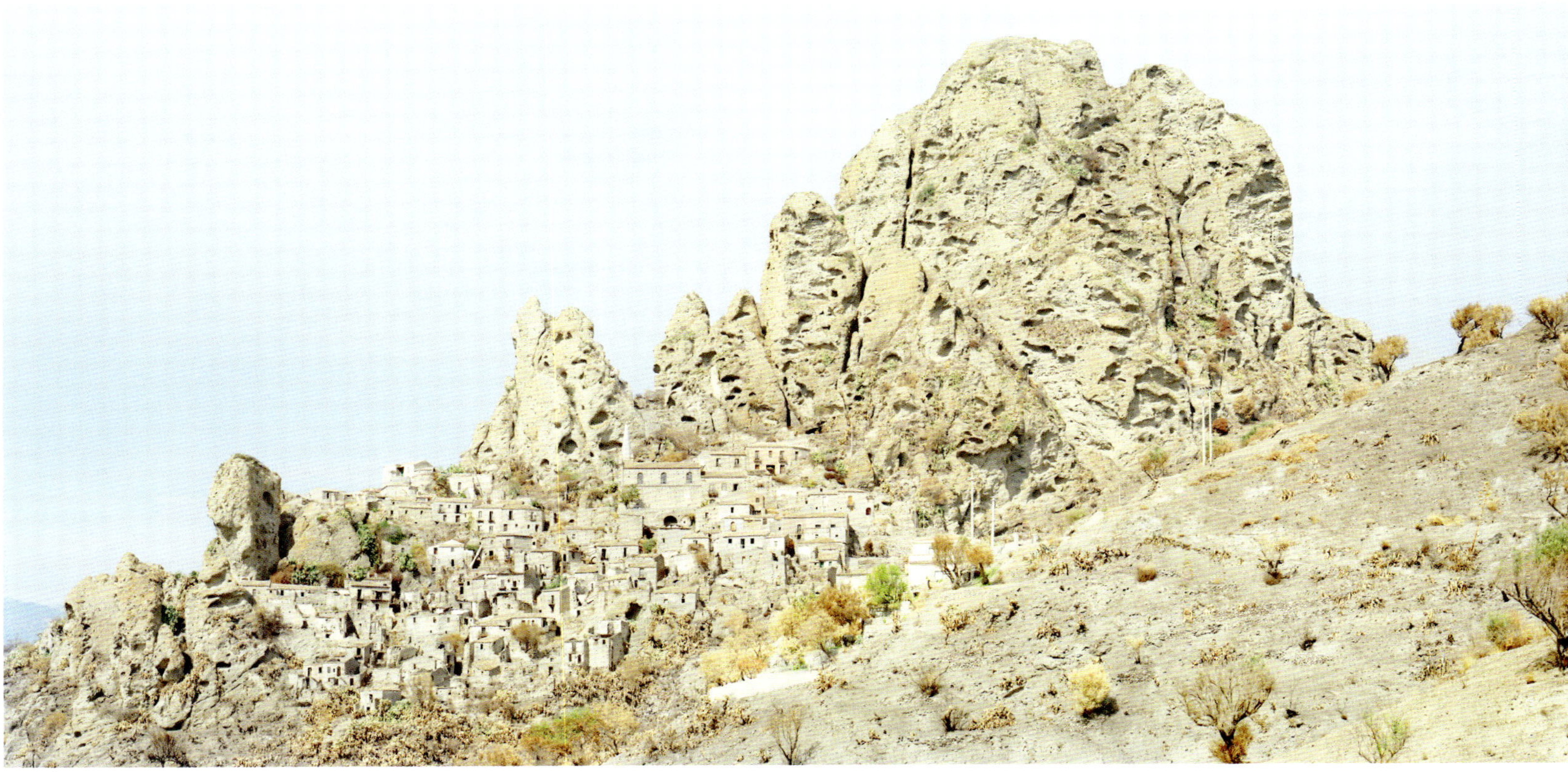

3. *Pentedattilo, Reggio Calabria 1986*

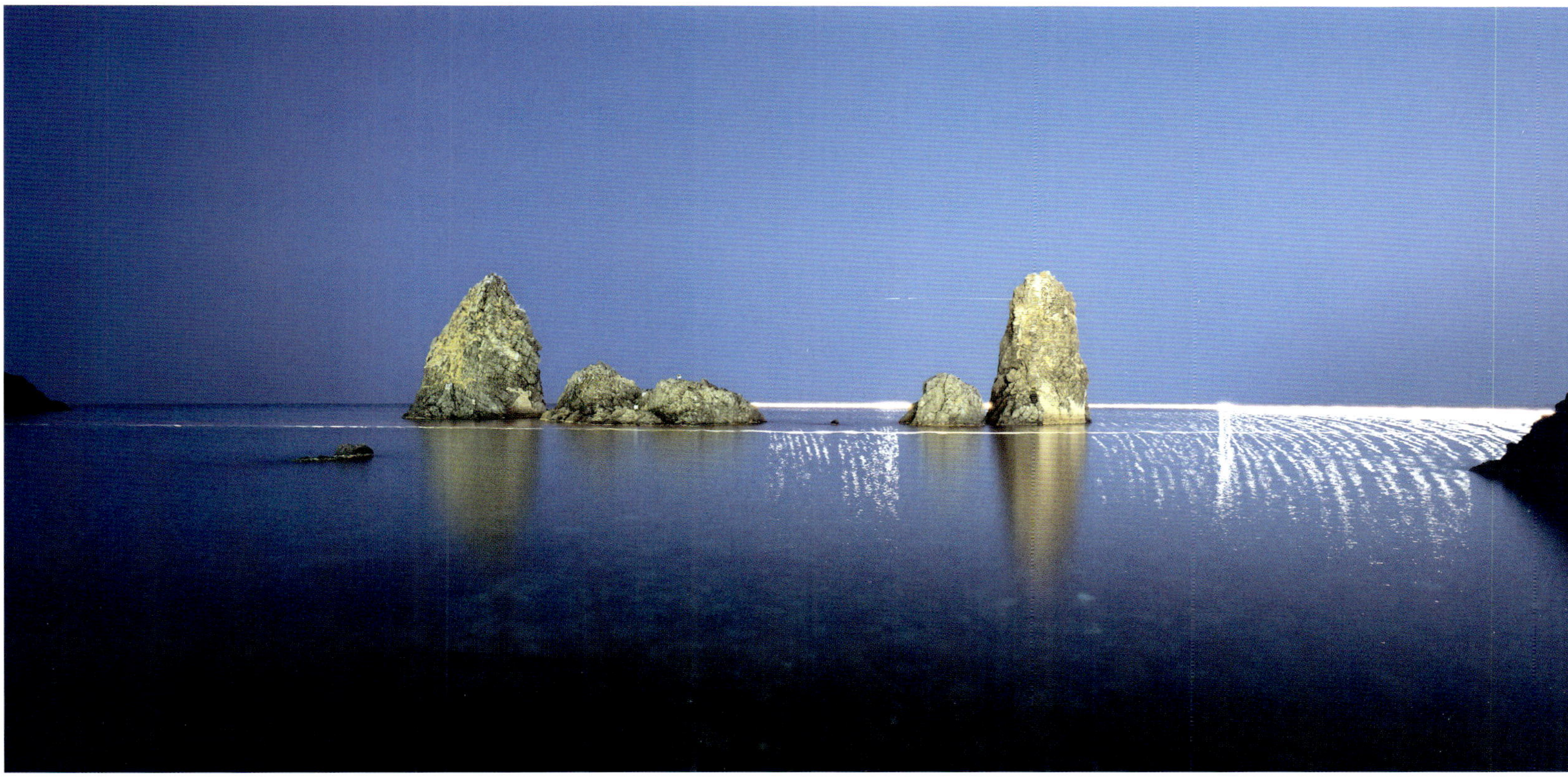

4. Aci Trezza, Catania 1986

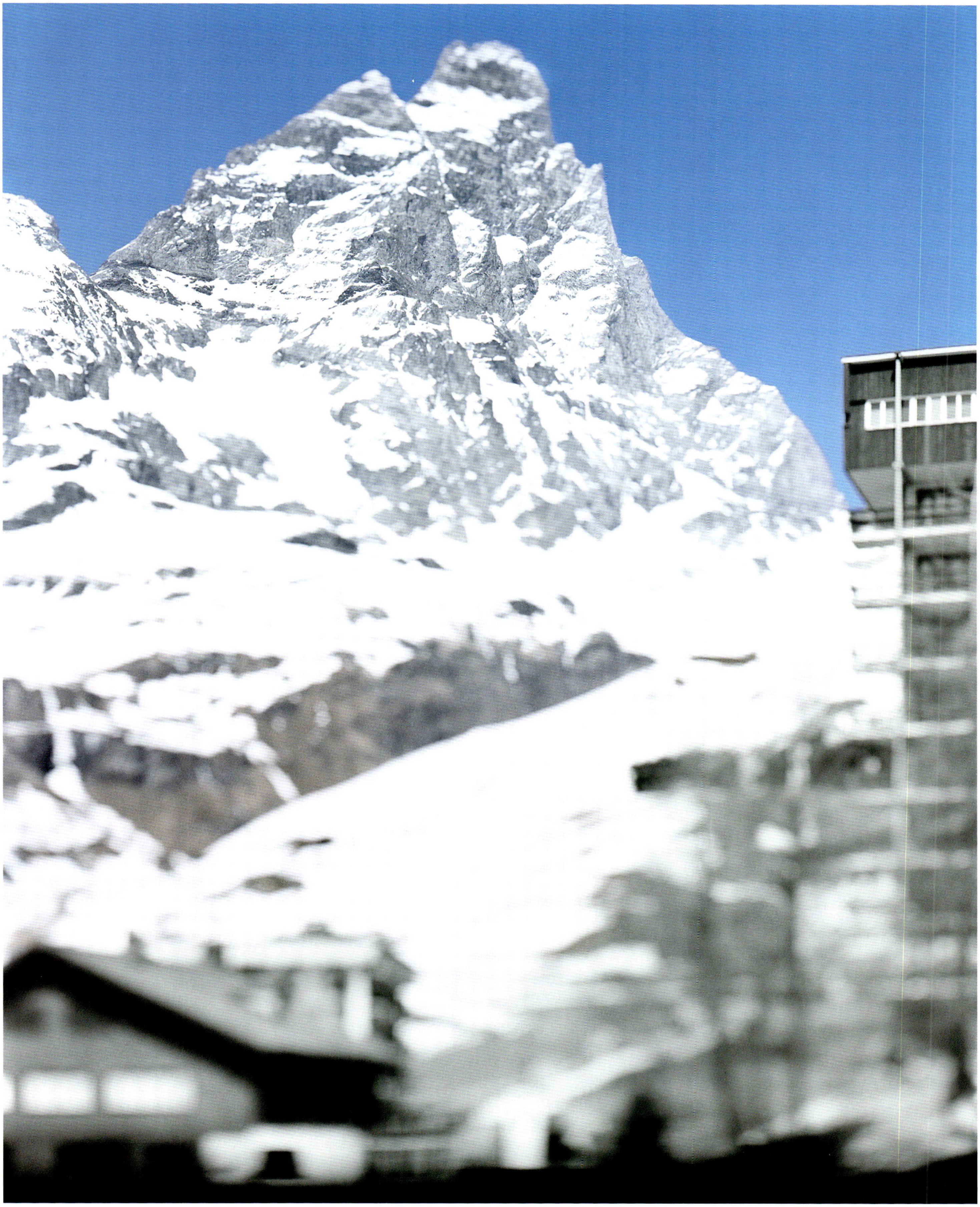

5. Cervinia, Aosta 2003

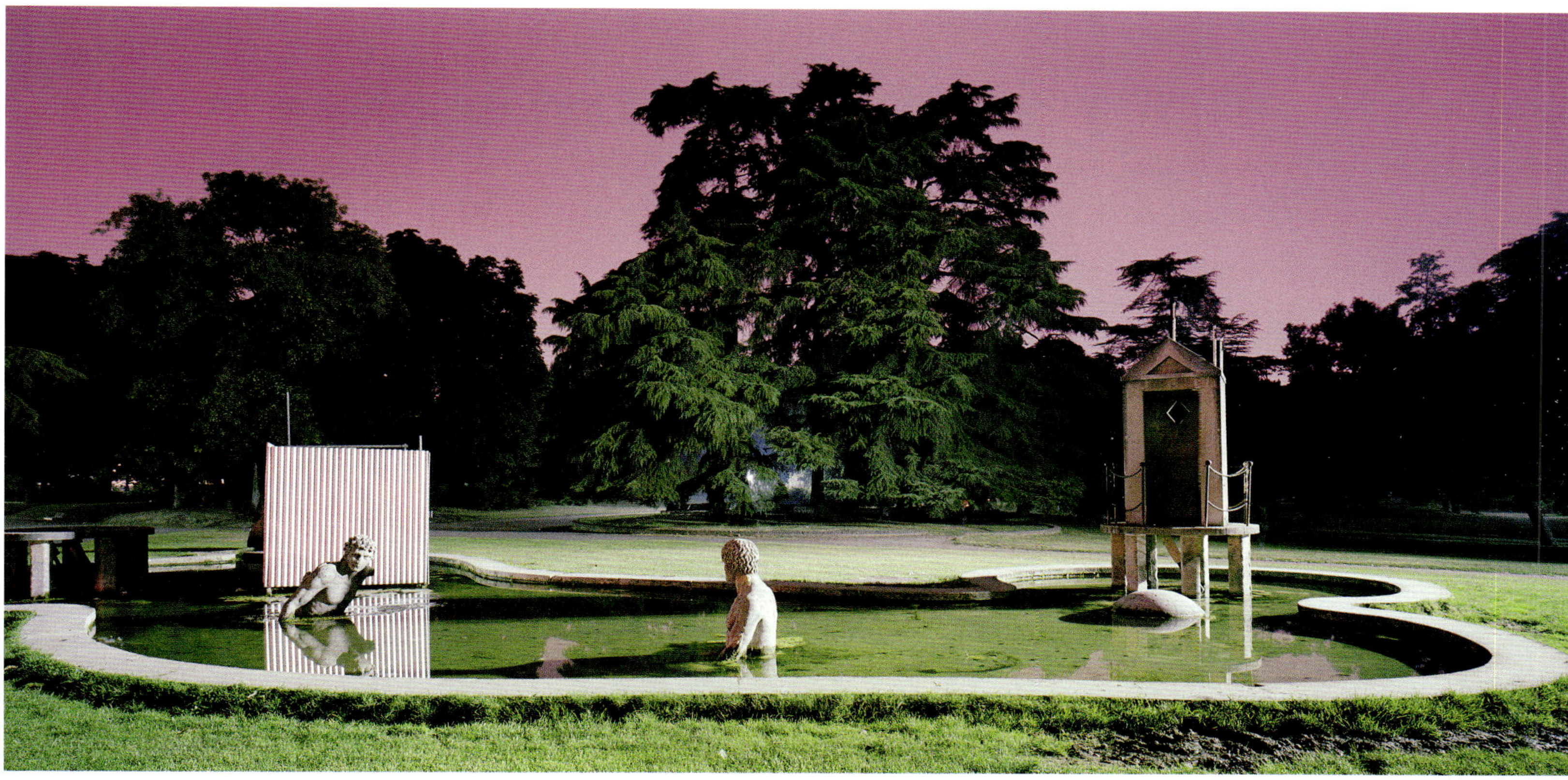

6. *Milano 1989*

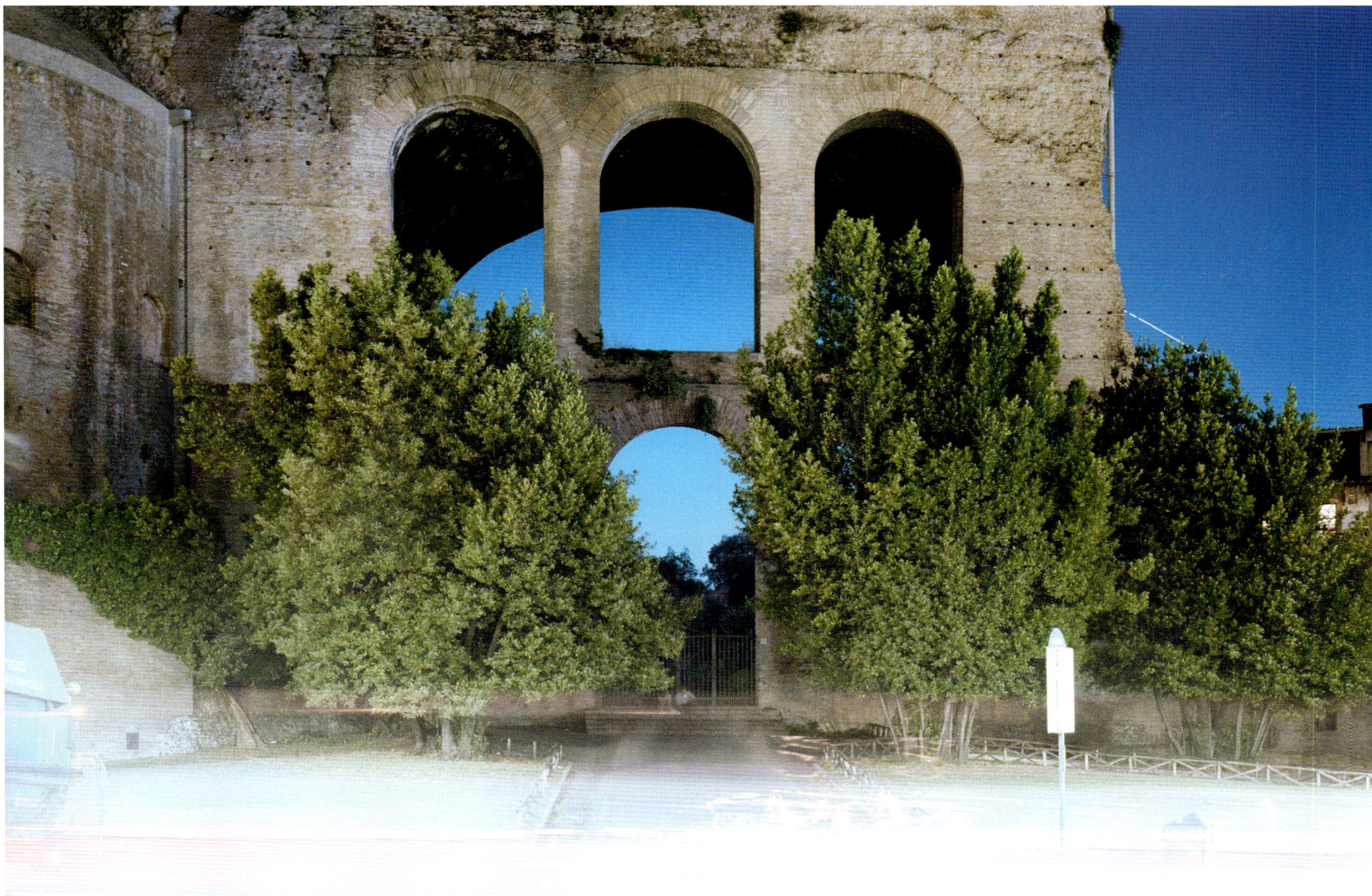

7. Roma 1992

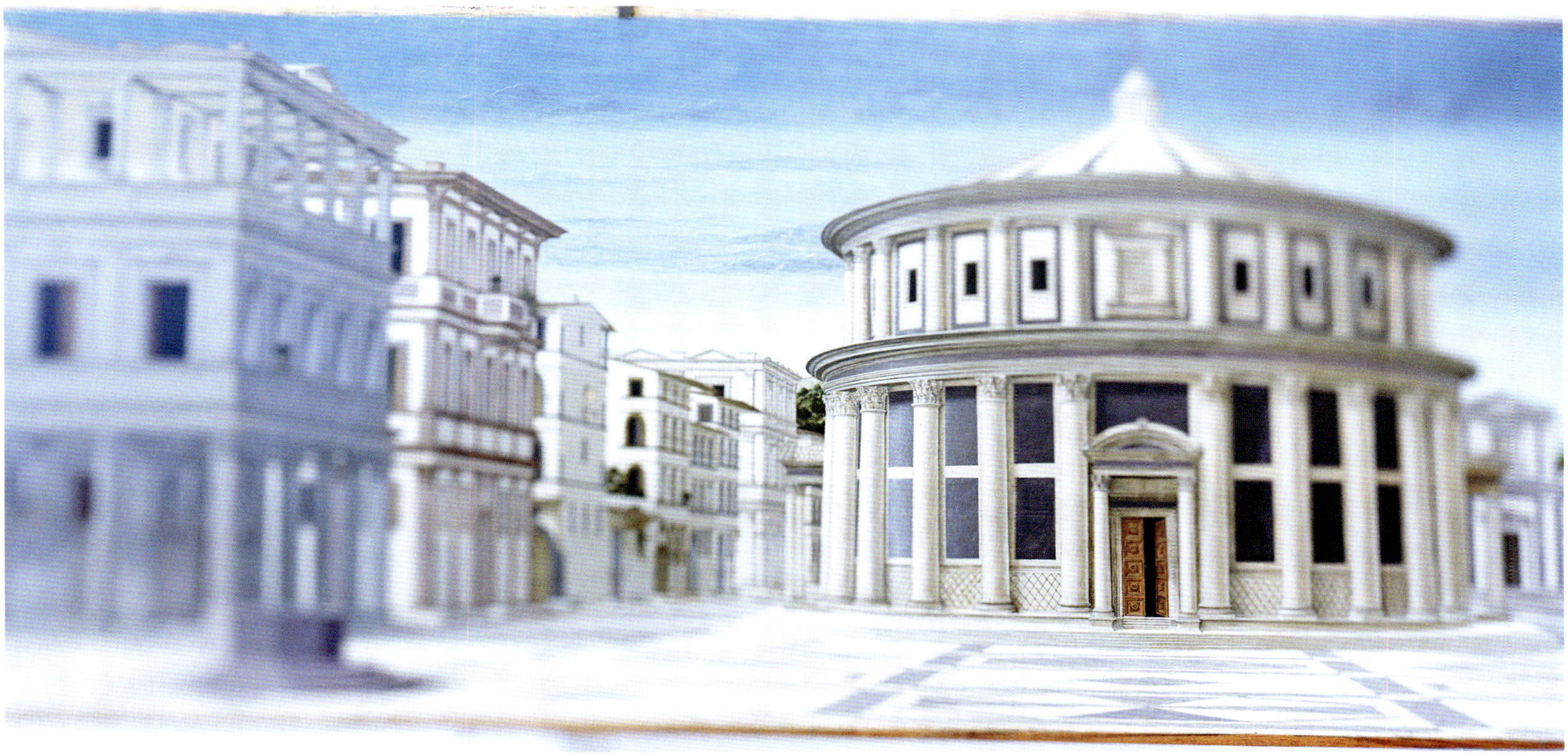

8. *Urbino 2005*

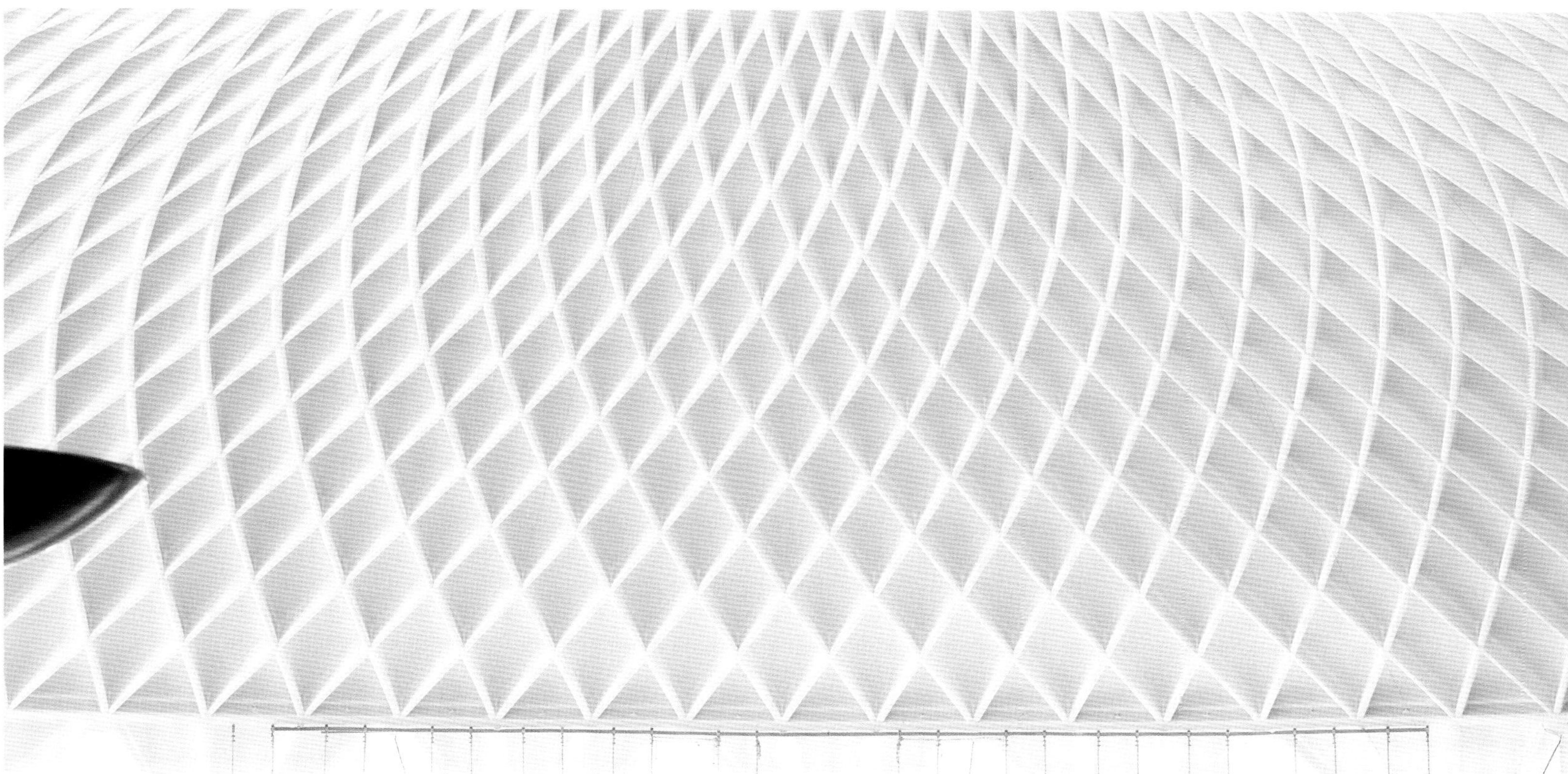

9. Roma 2004

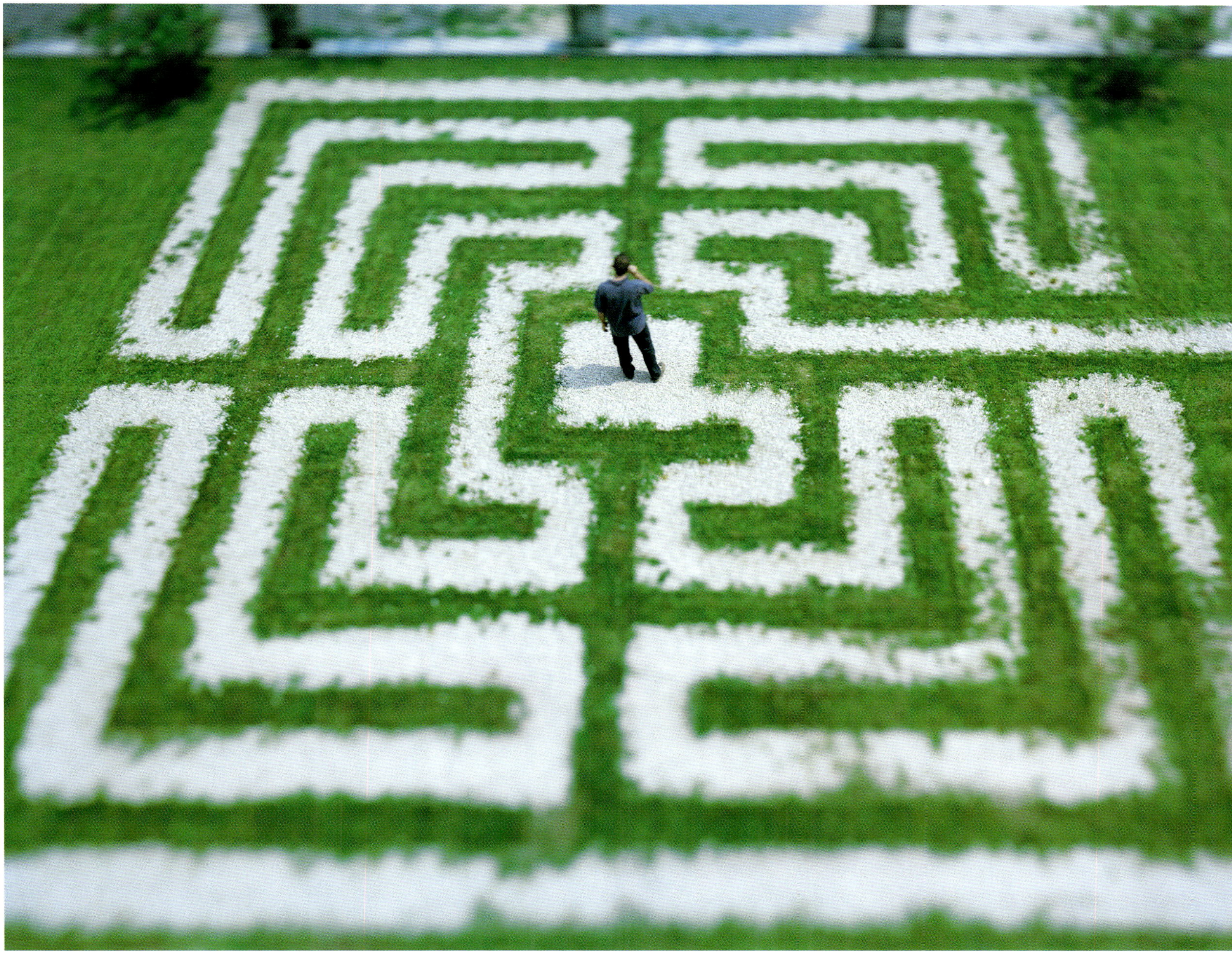

10. *Caldogno, Vicenza 2006*

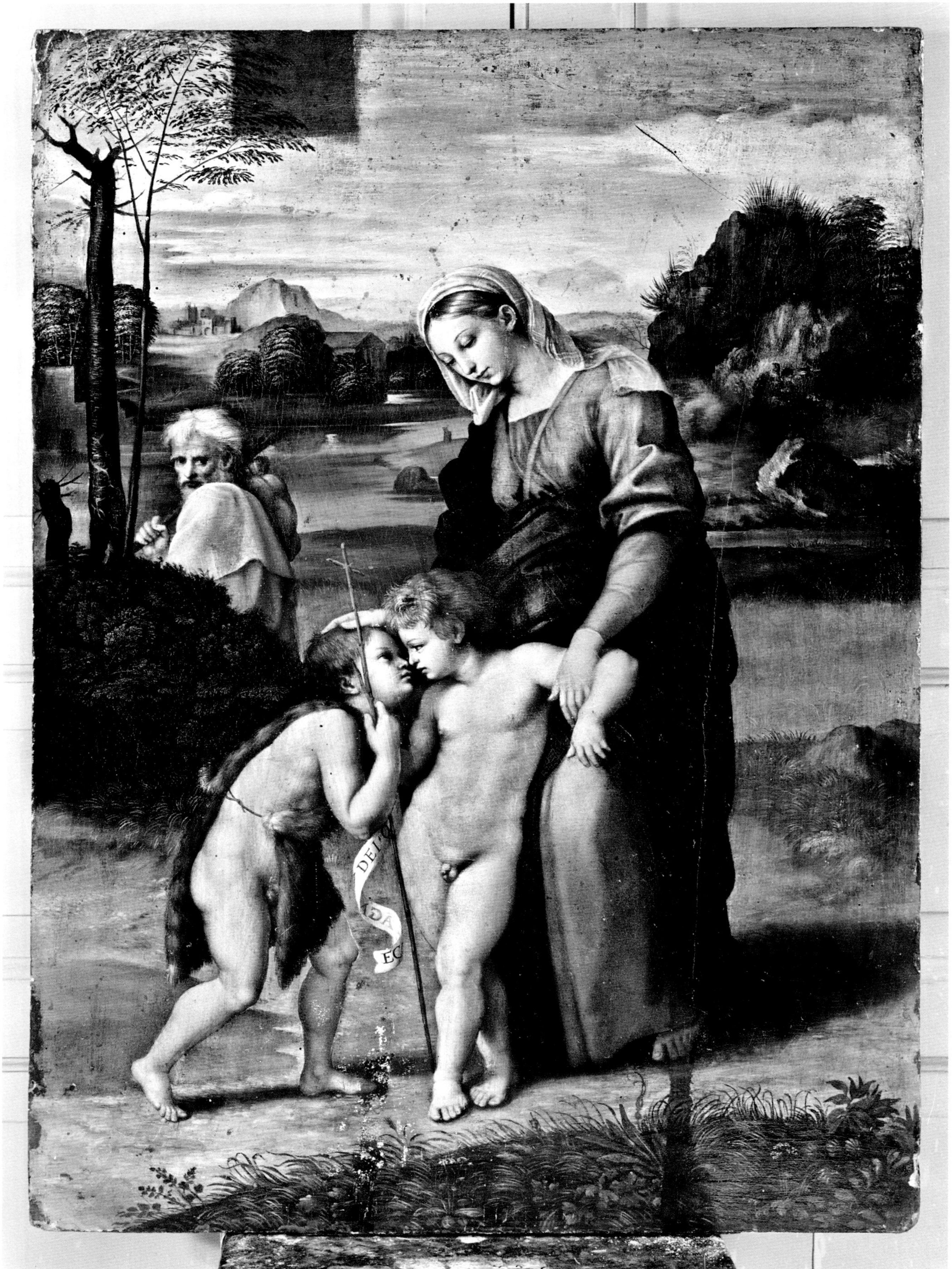

11. *Napoli 2007*

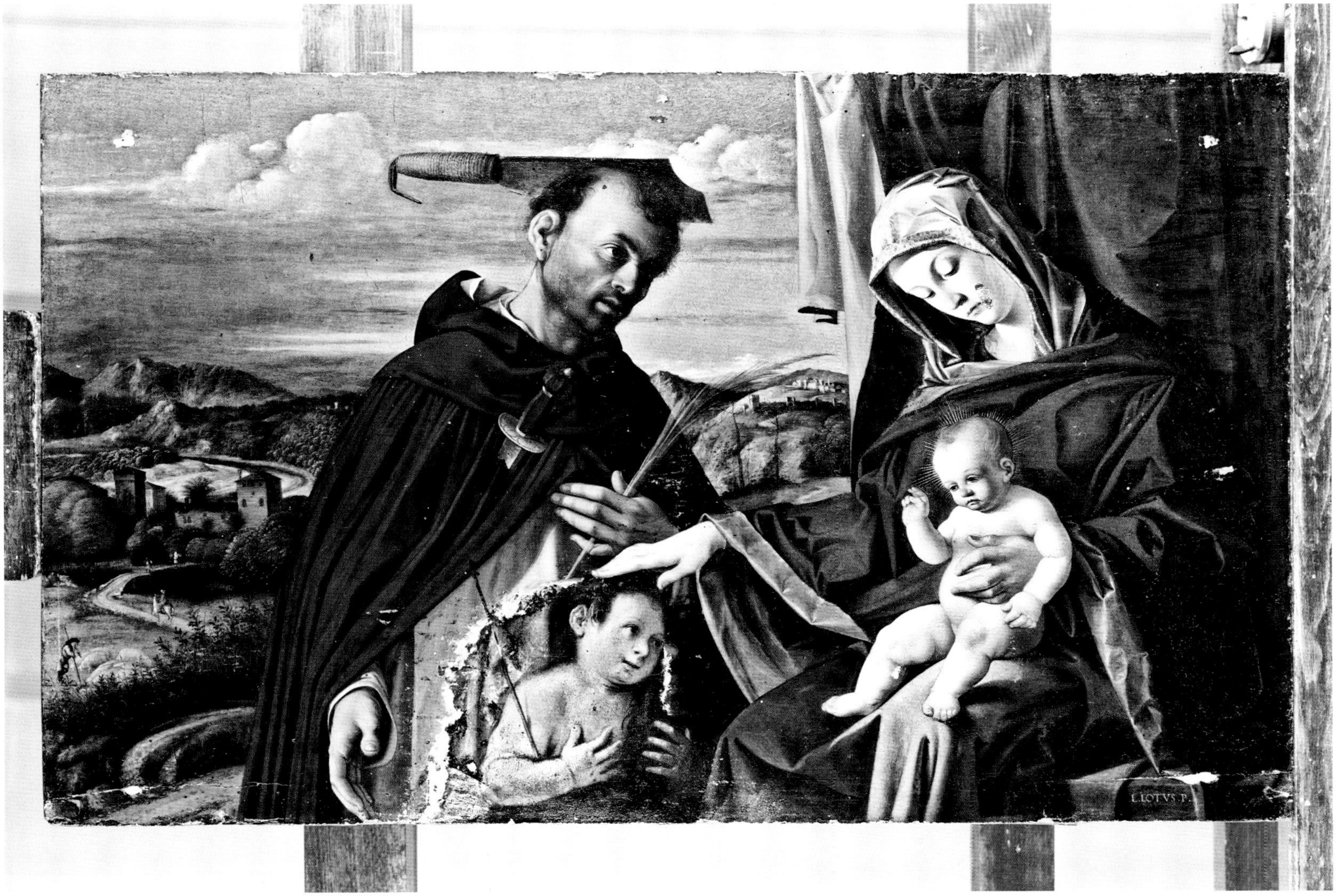

12. *Napoli 2007*

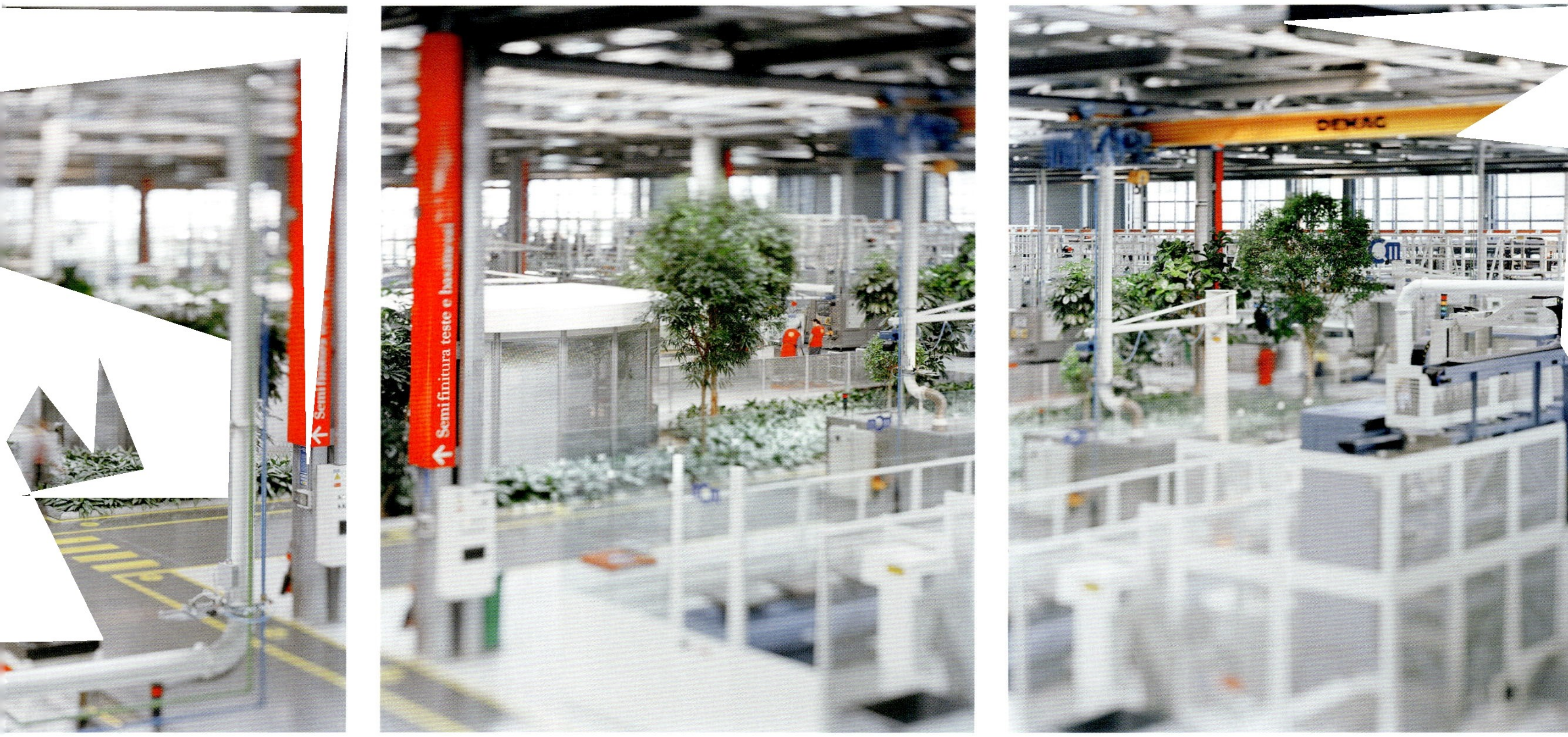
Semi finitura teste e
DEMAG

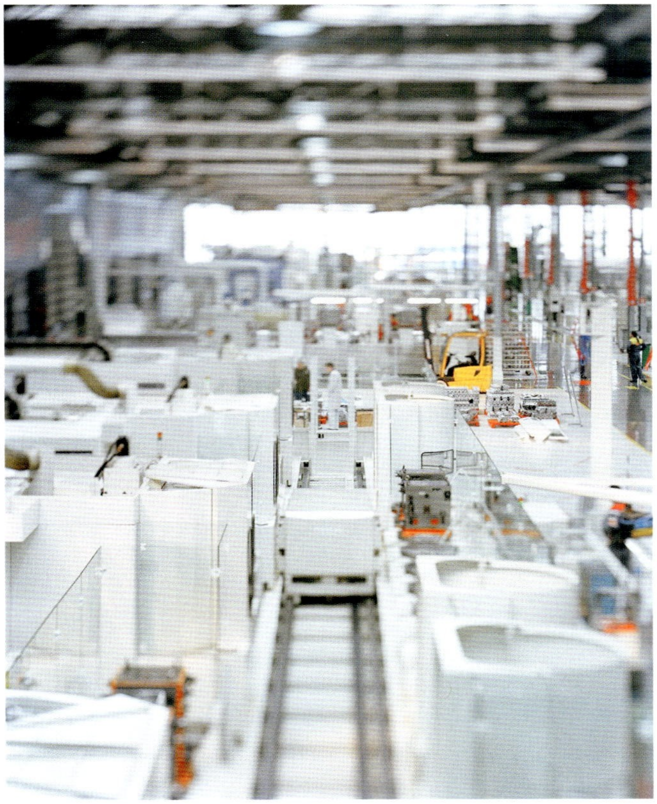

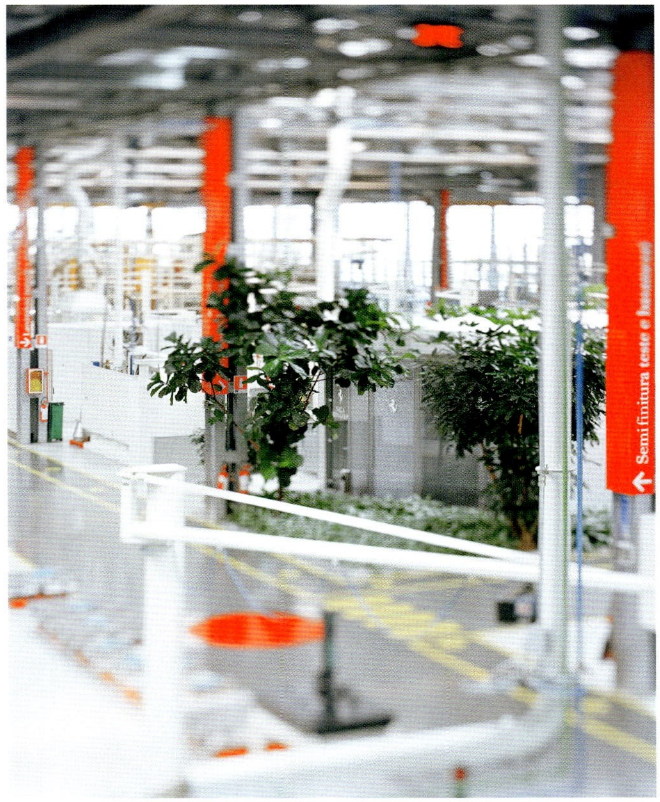
Semi finitura teste e

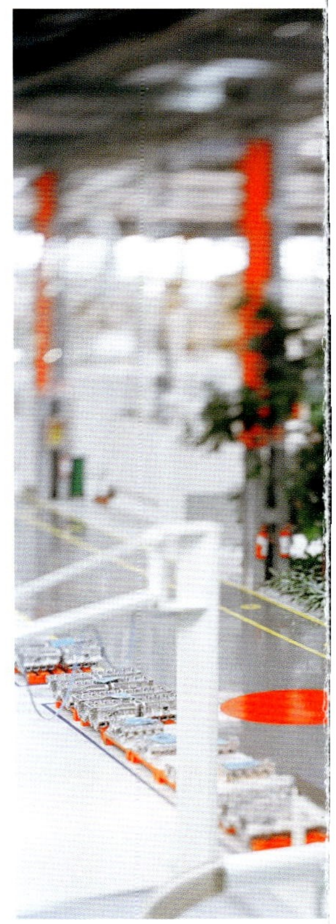

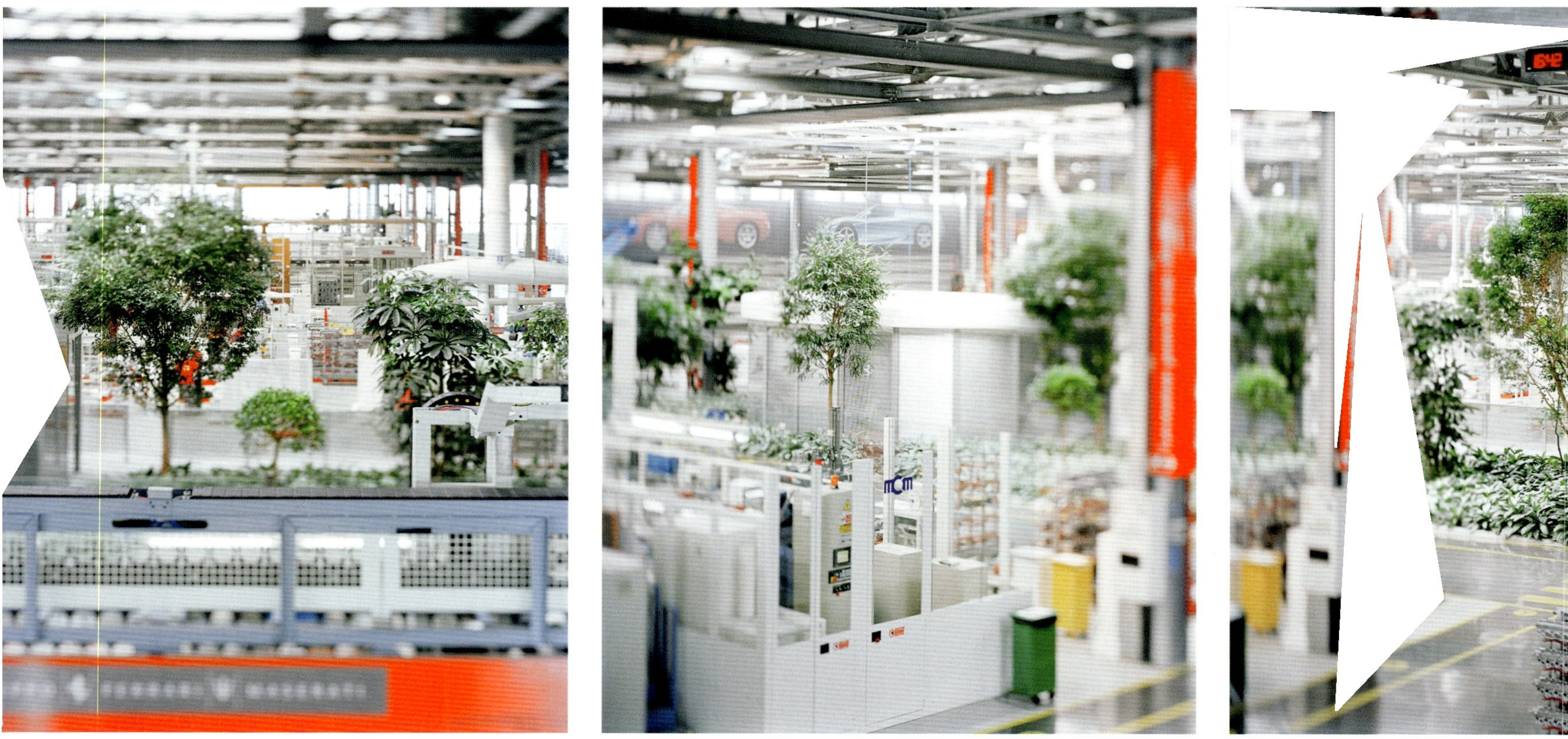

13. *Maranello, Modena 2003*

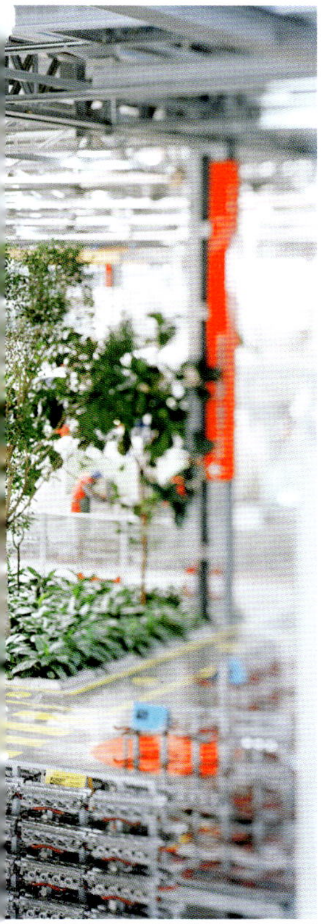

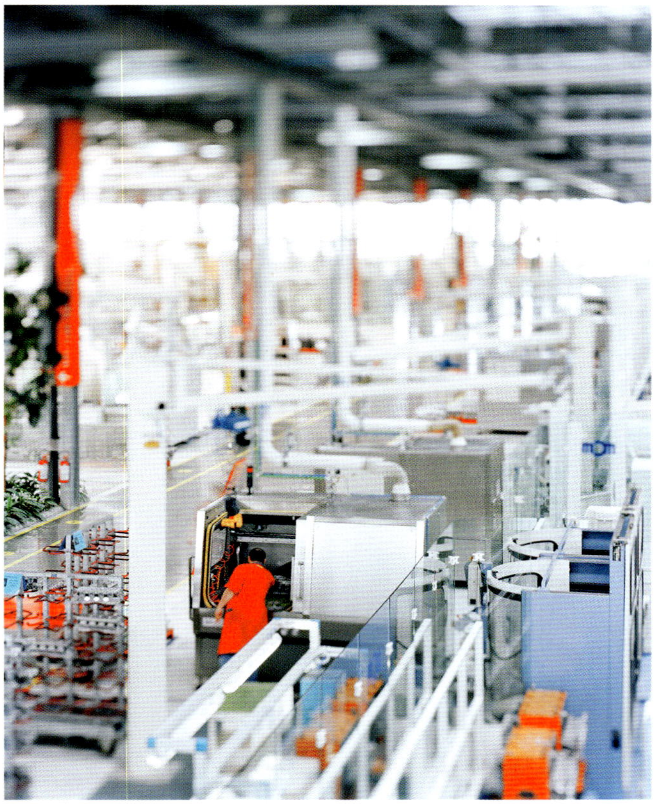

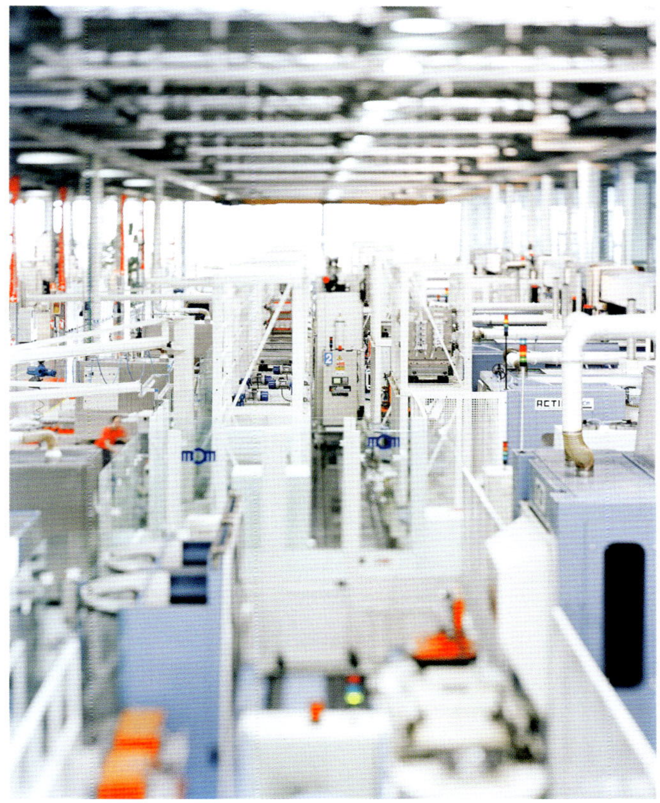

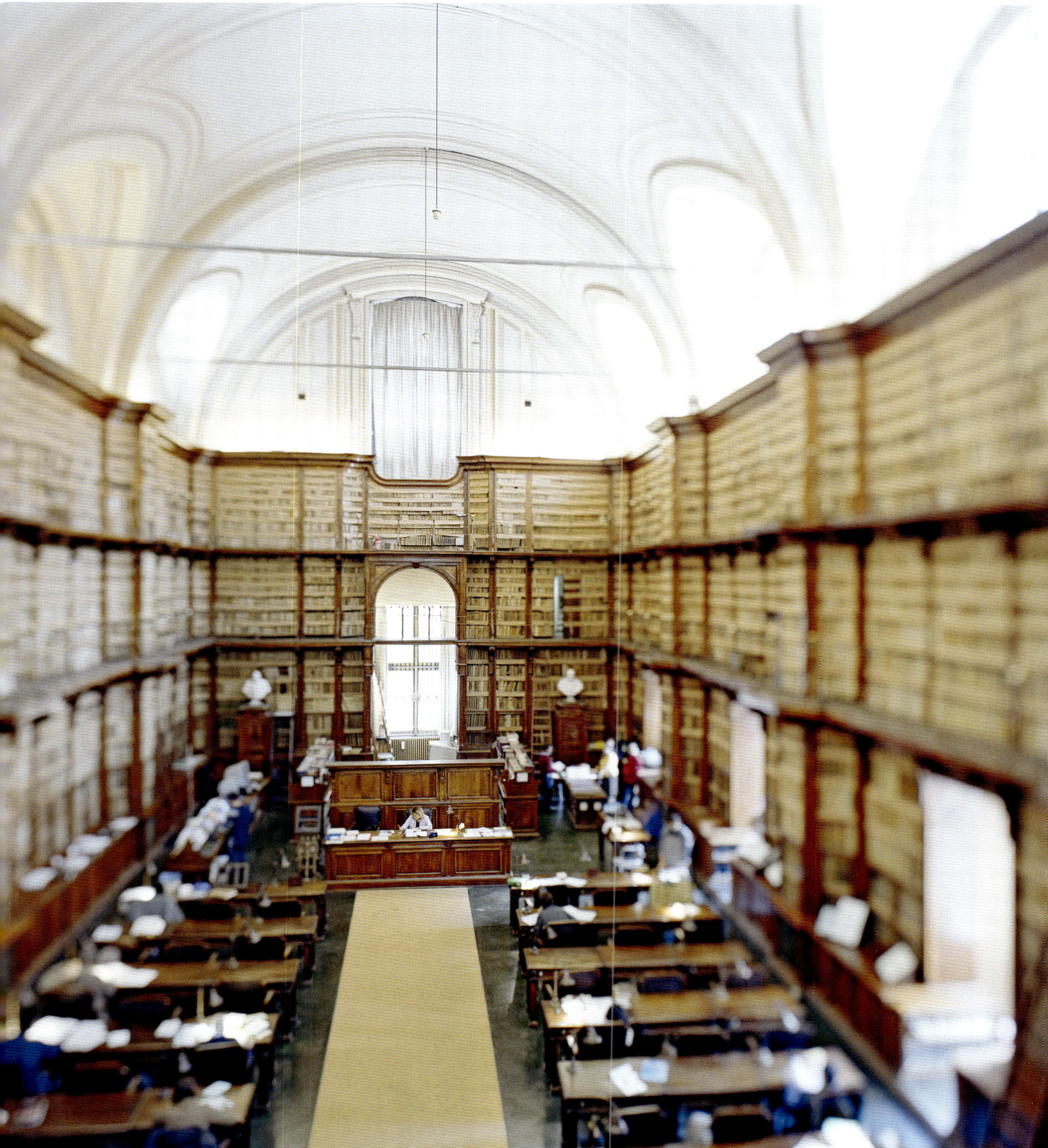

14. *Roma 1999*

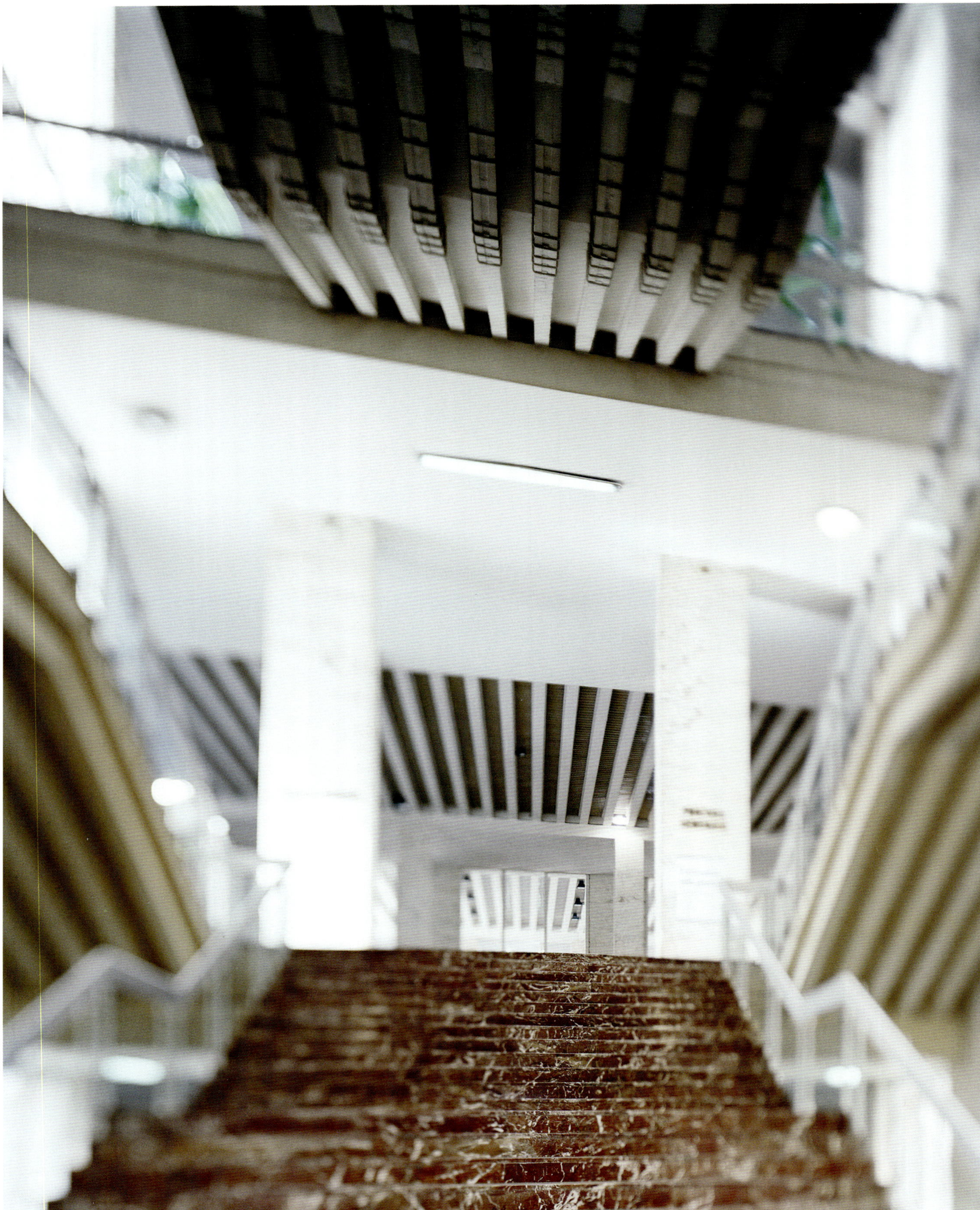

15. *Tribunali, Palermo 2000*

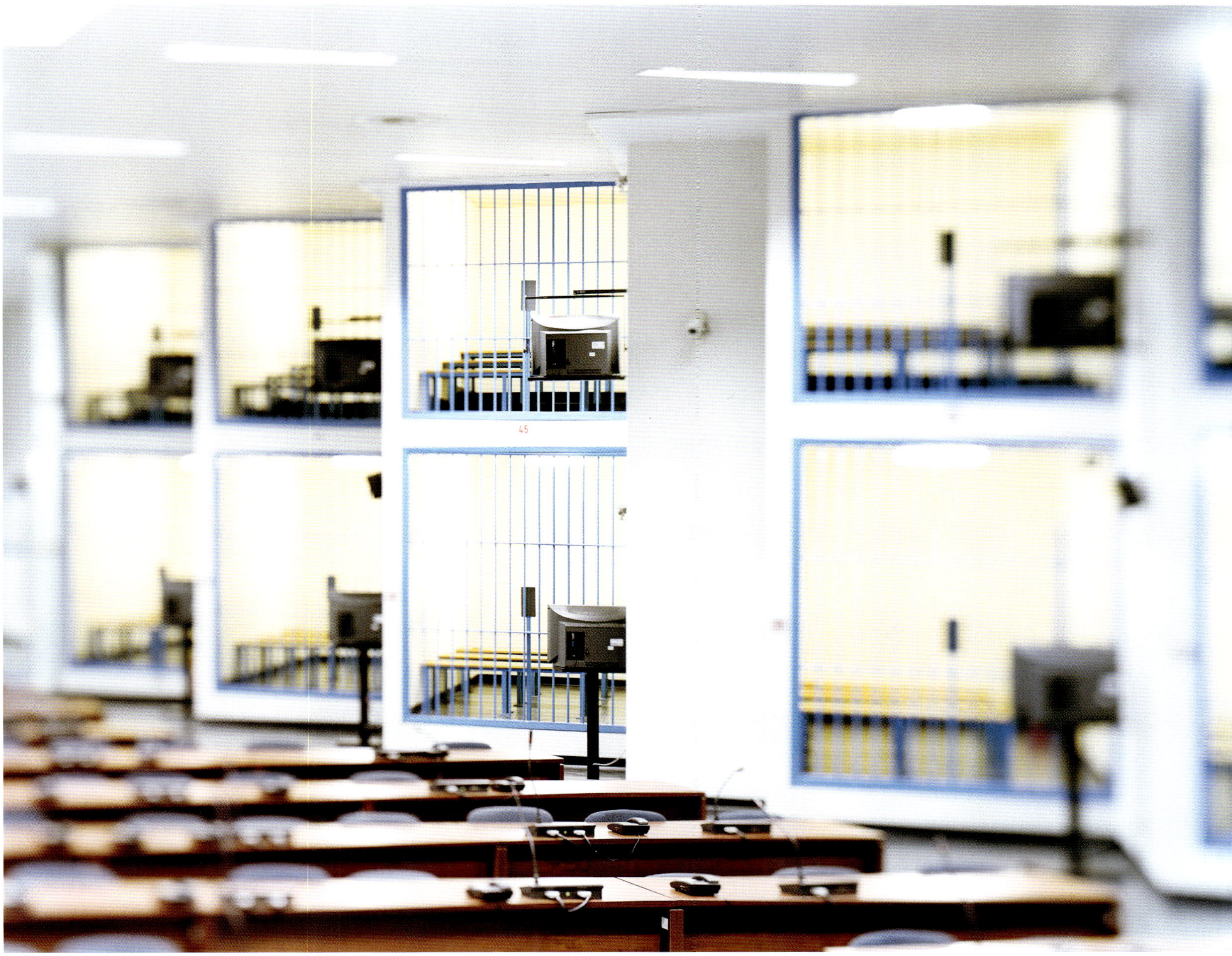

16. *Tribunali, Palermo 2000*

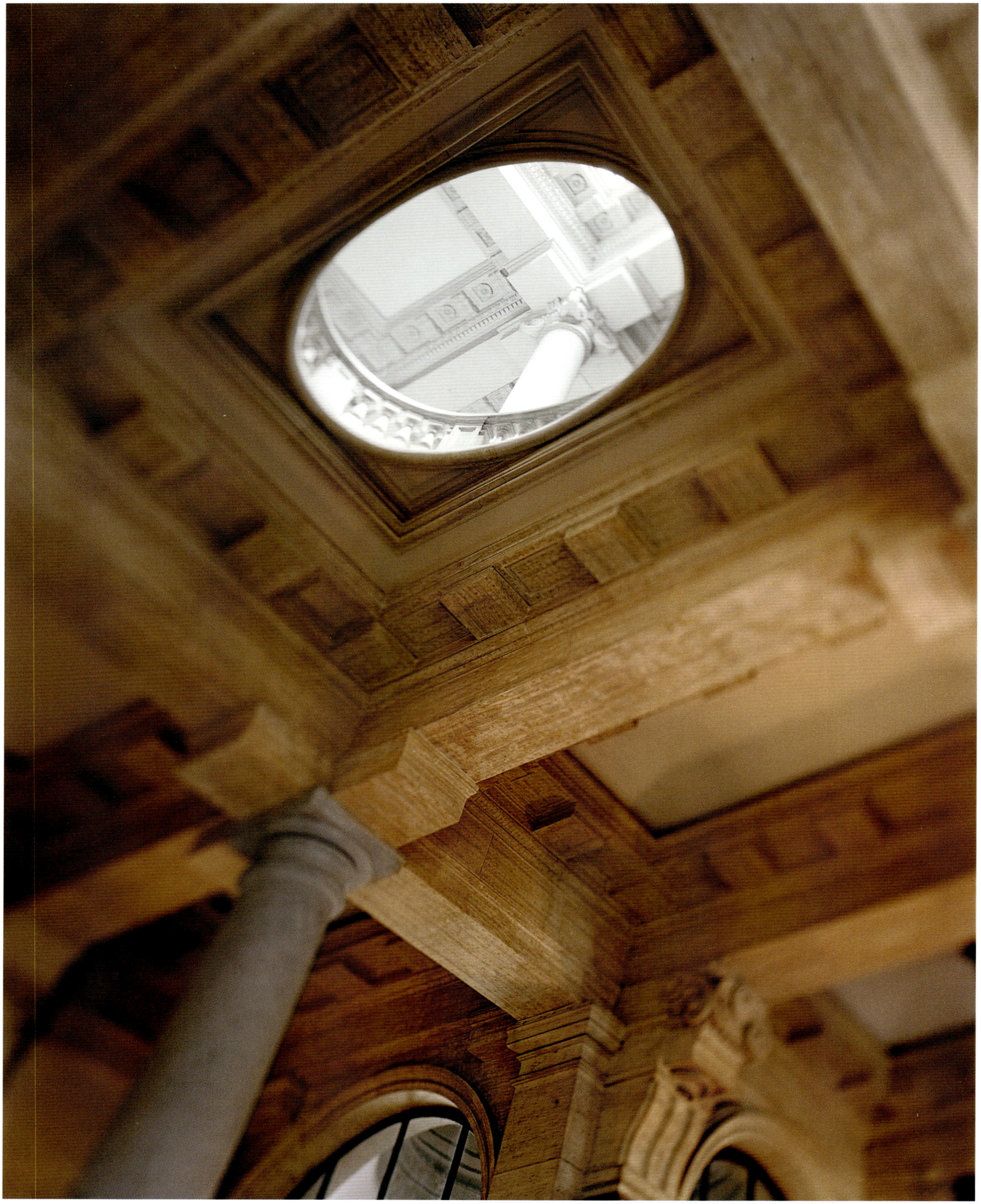

17. *Tribunali, Roma 2000*

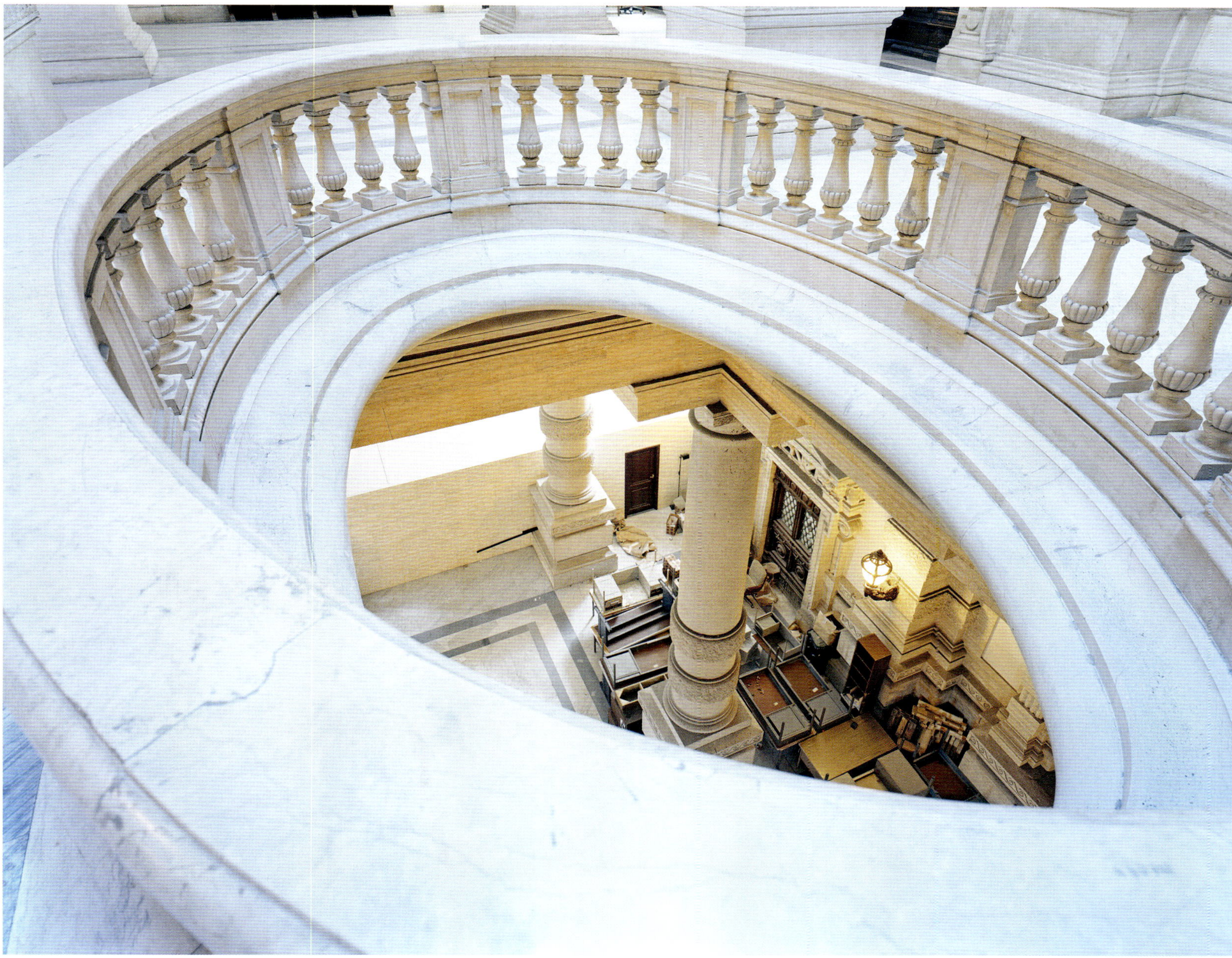

18. *Tribunali, Roma 2000*

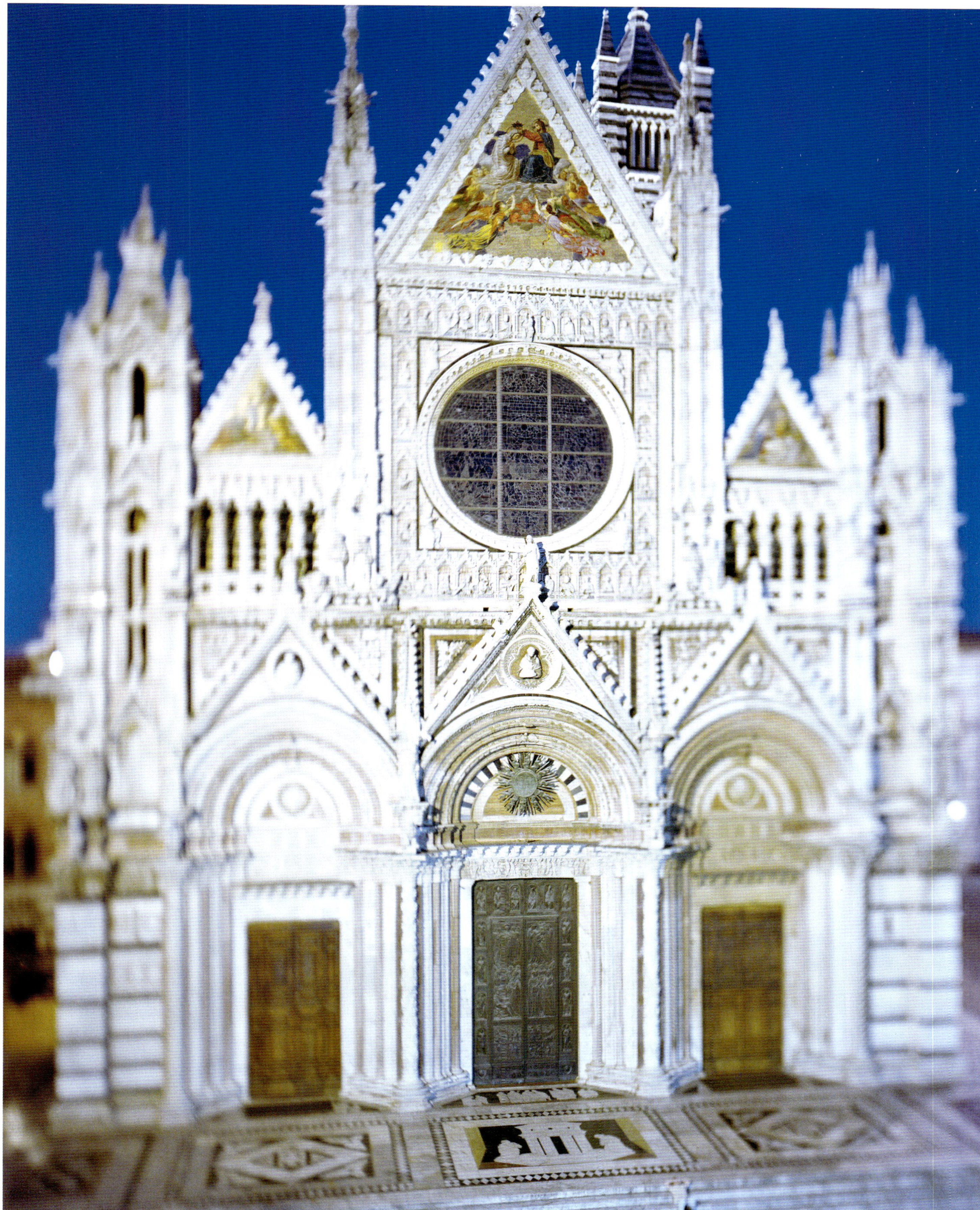

19. Siena 2002

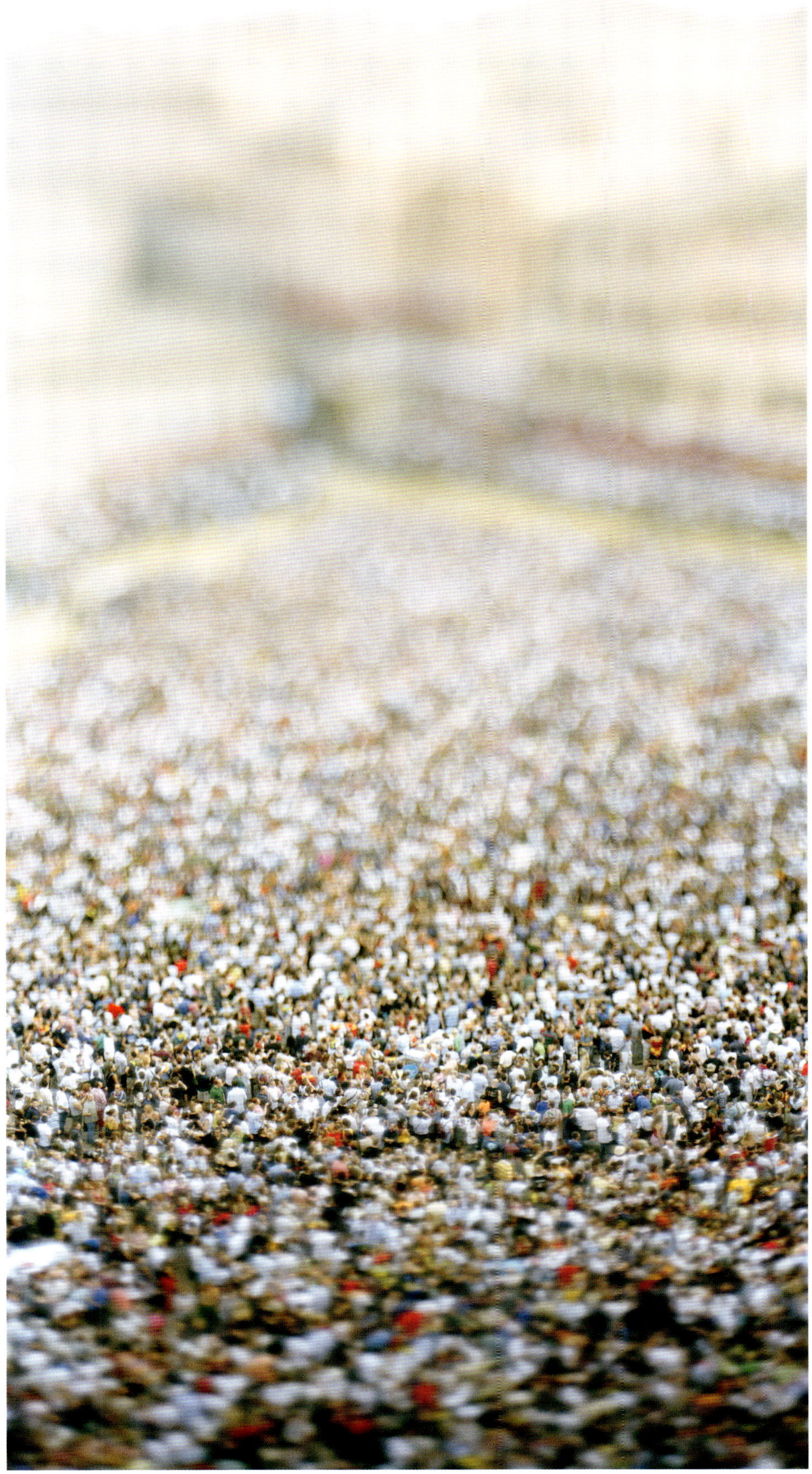

20. *Siena 2002*

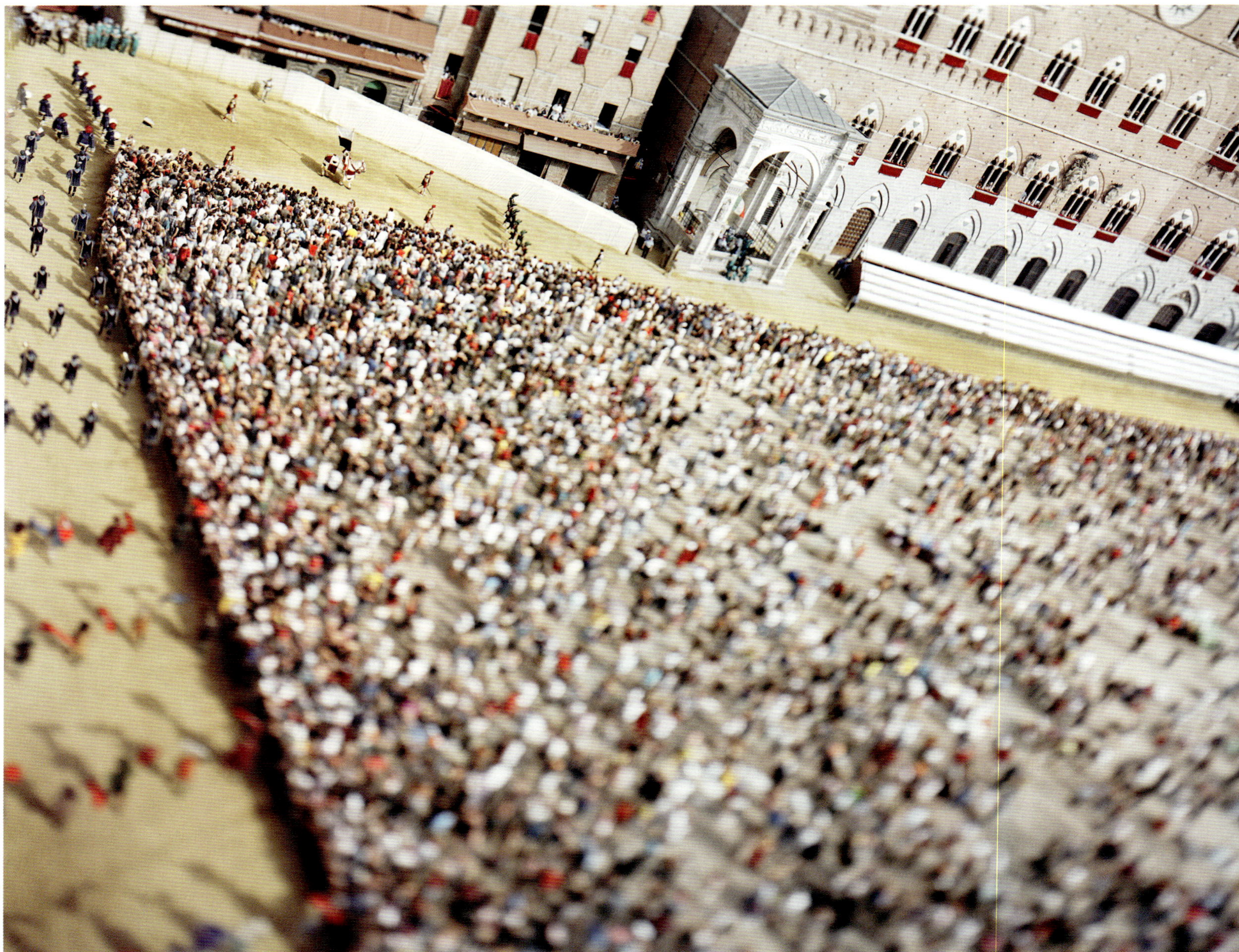

21. *Siena 2002*

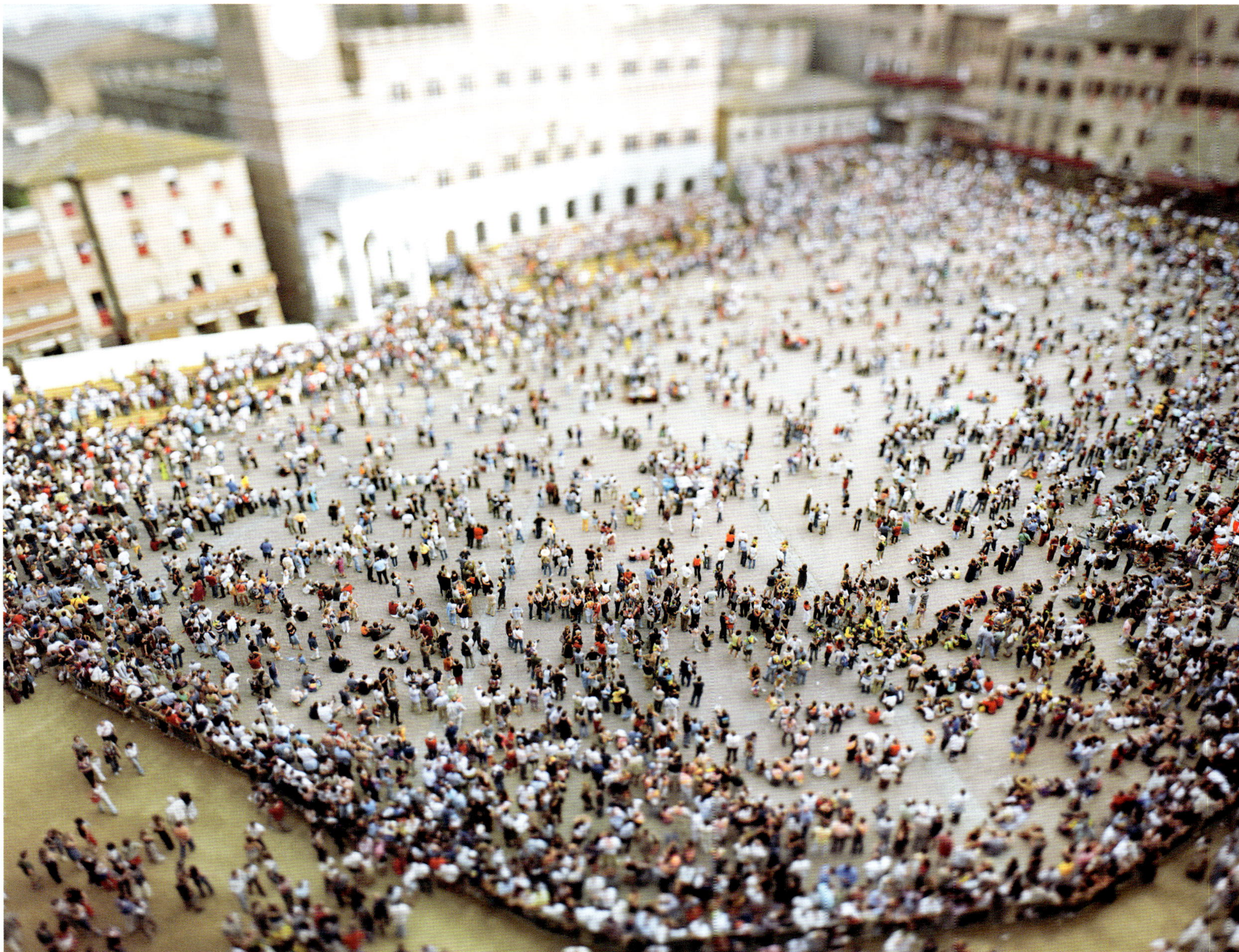

22. Siena 2002

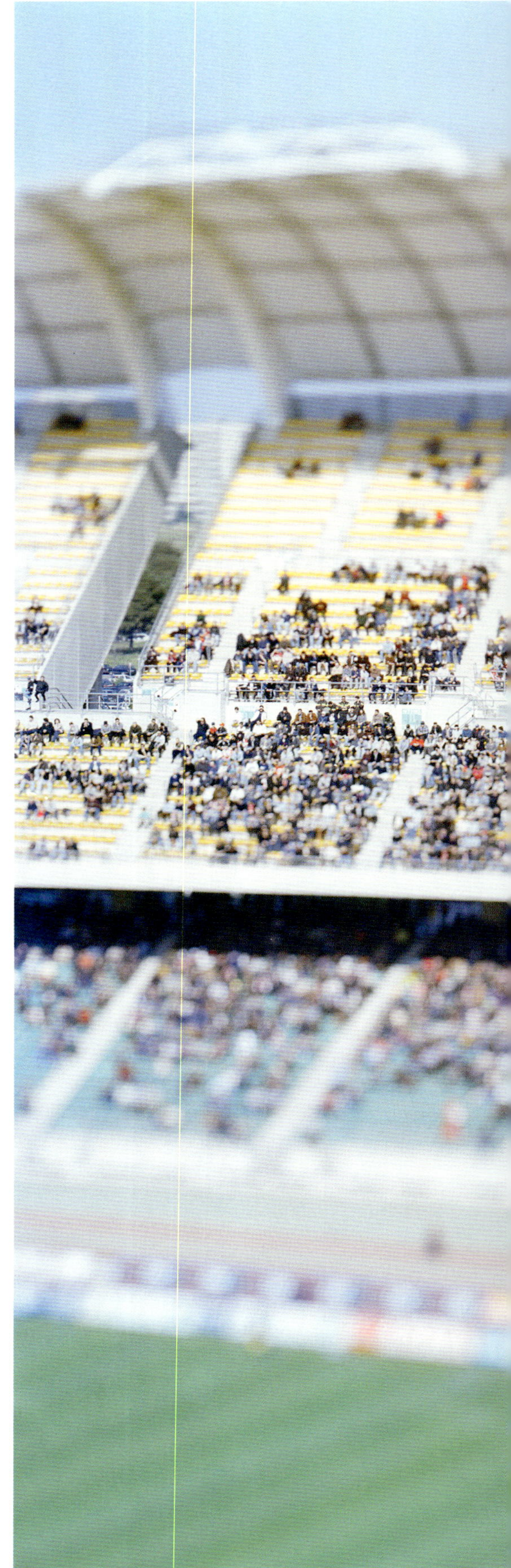

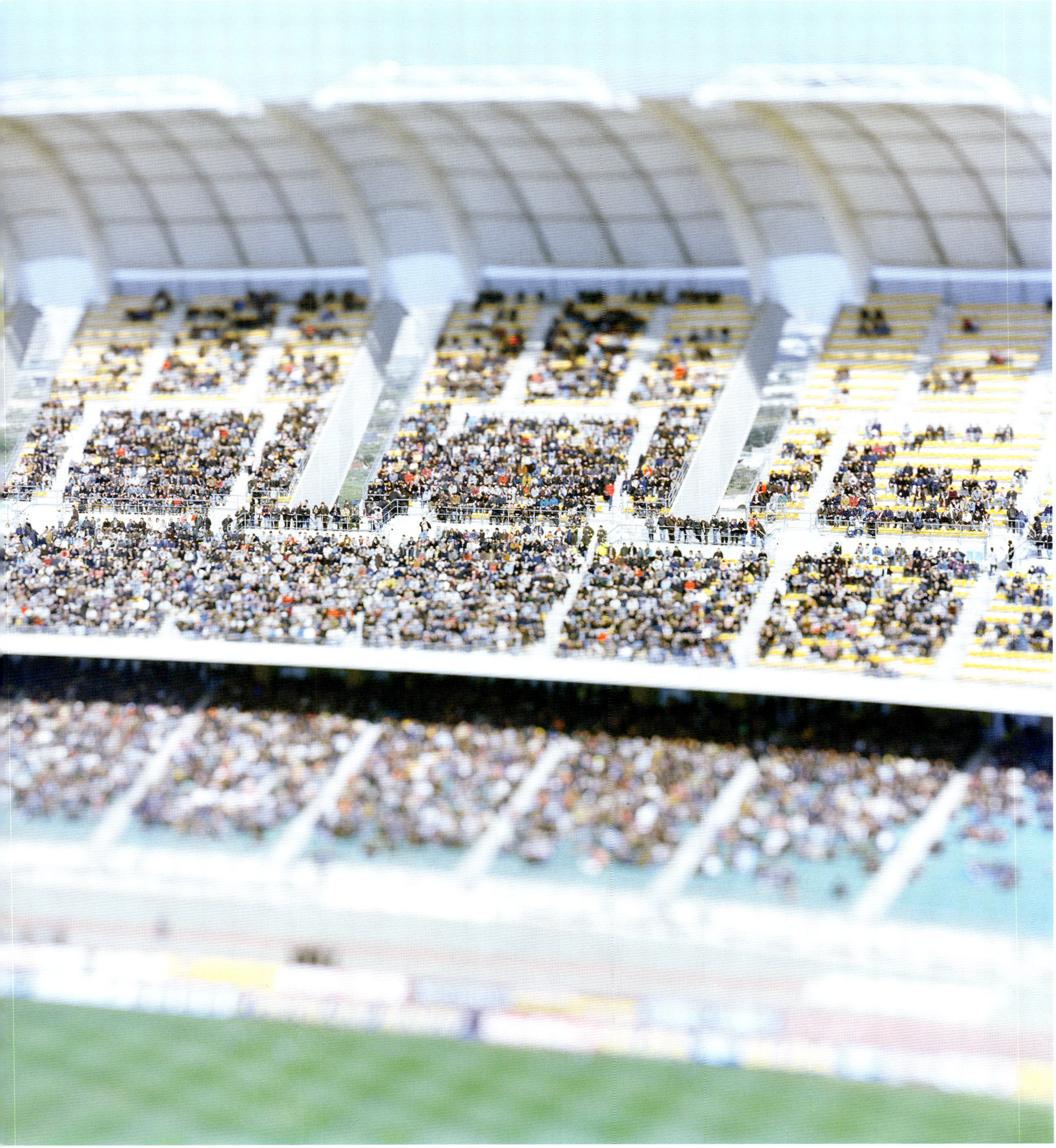

23. *Stadi, Bari 1999*

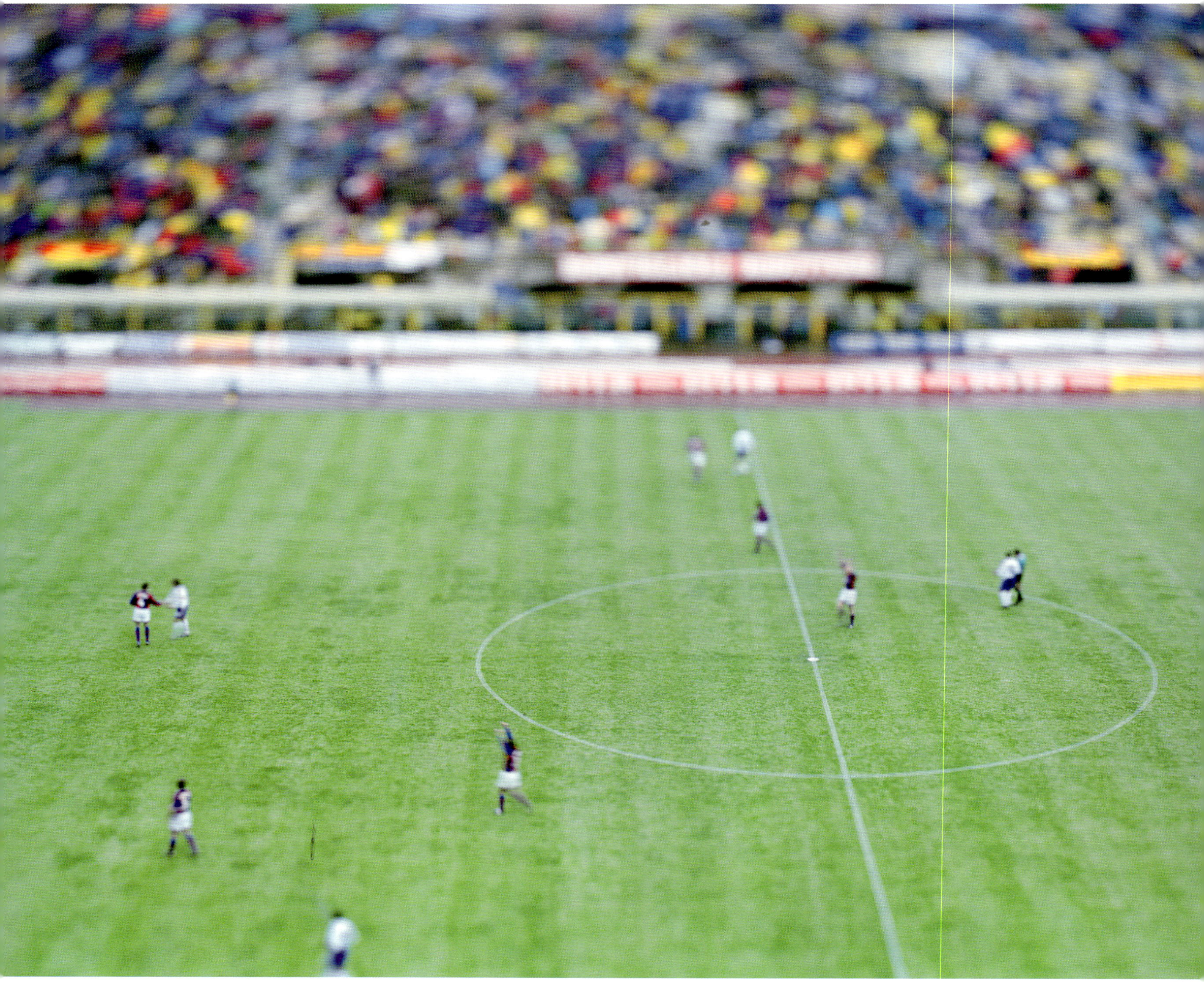

24. *Stadi, Bologna 1999*

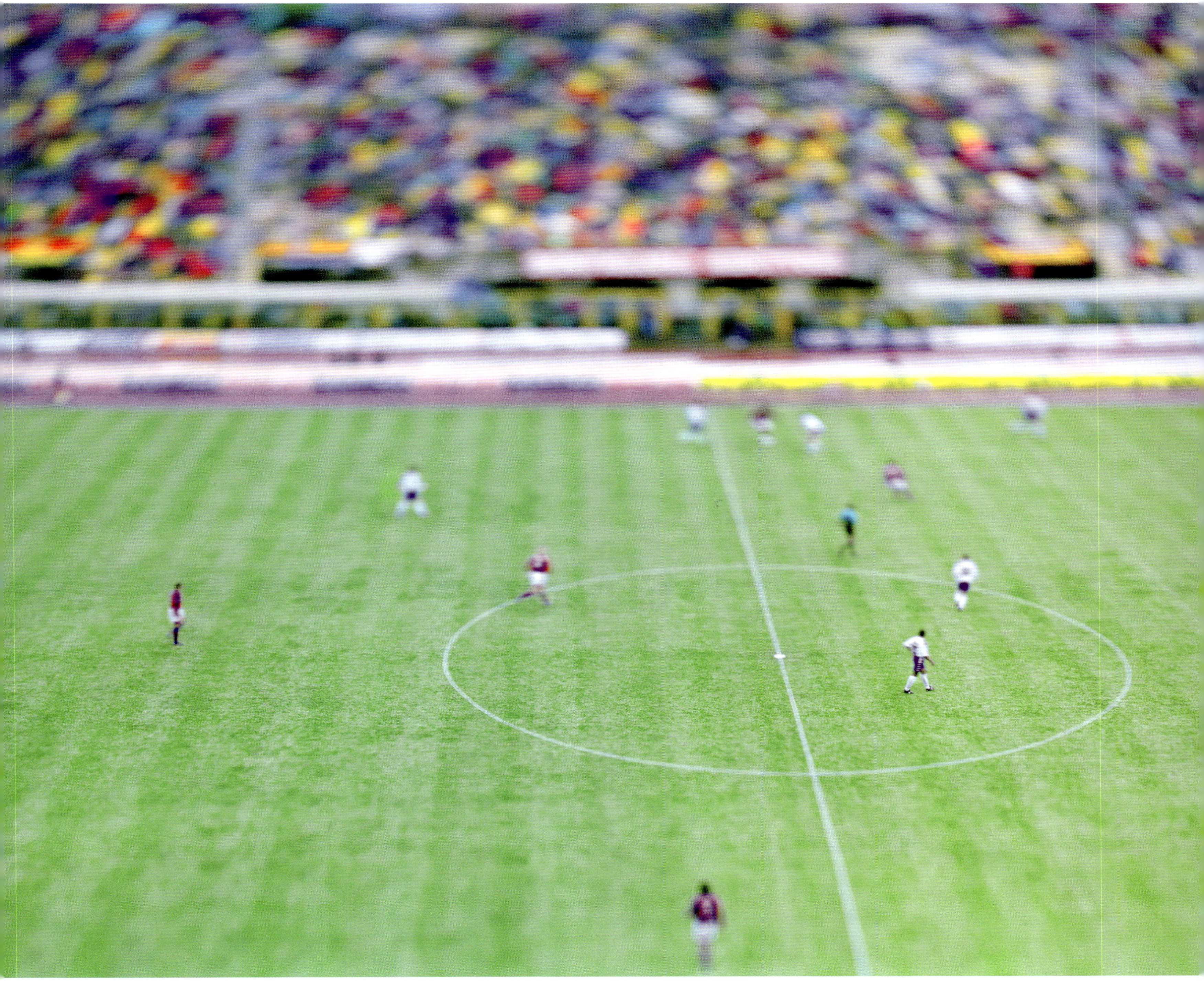

25. Stadi, Bologna 1999

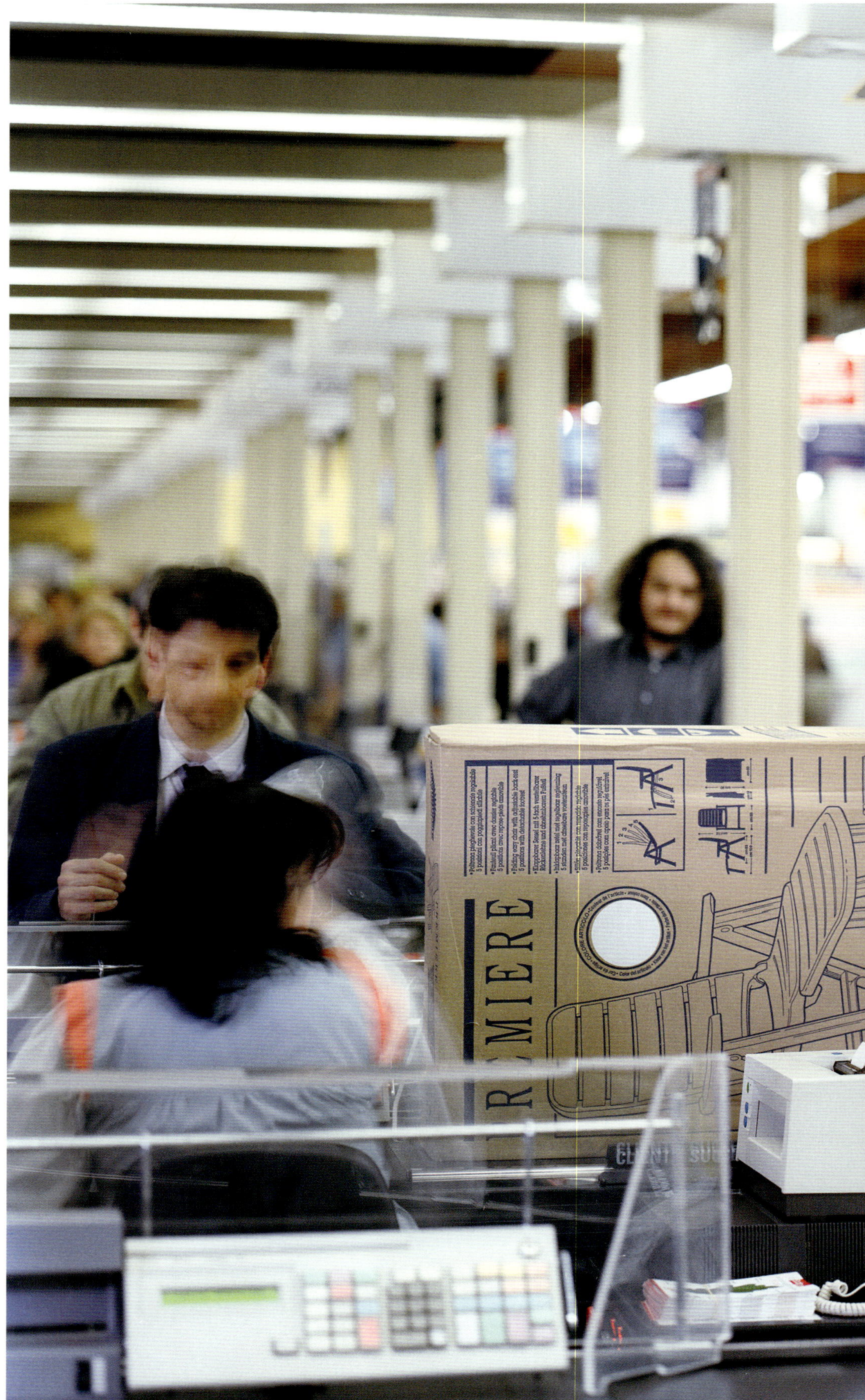

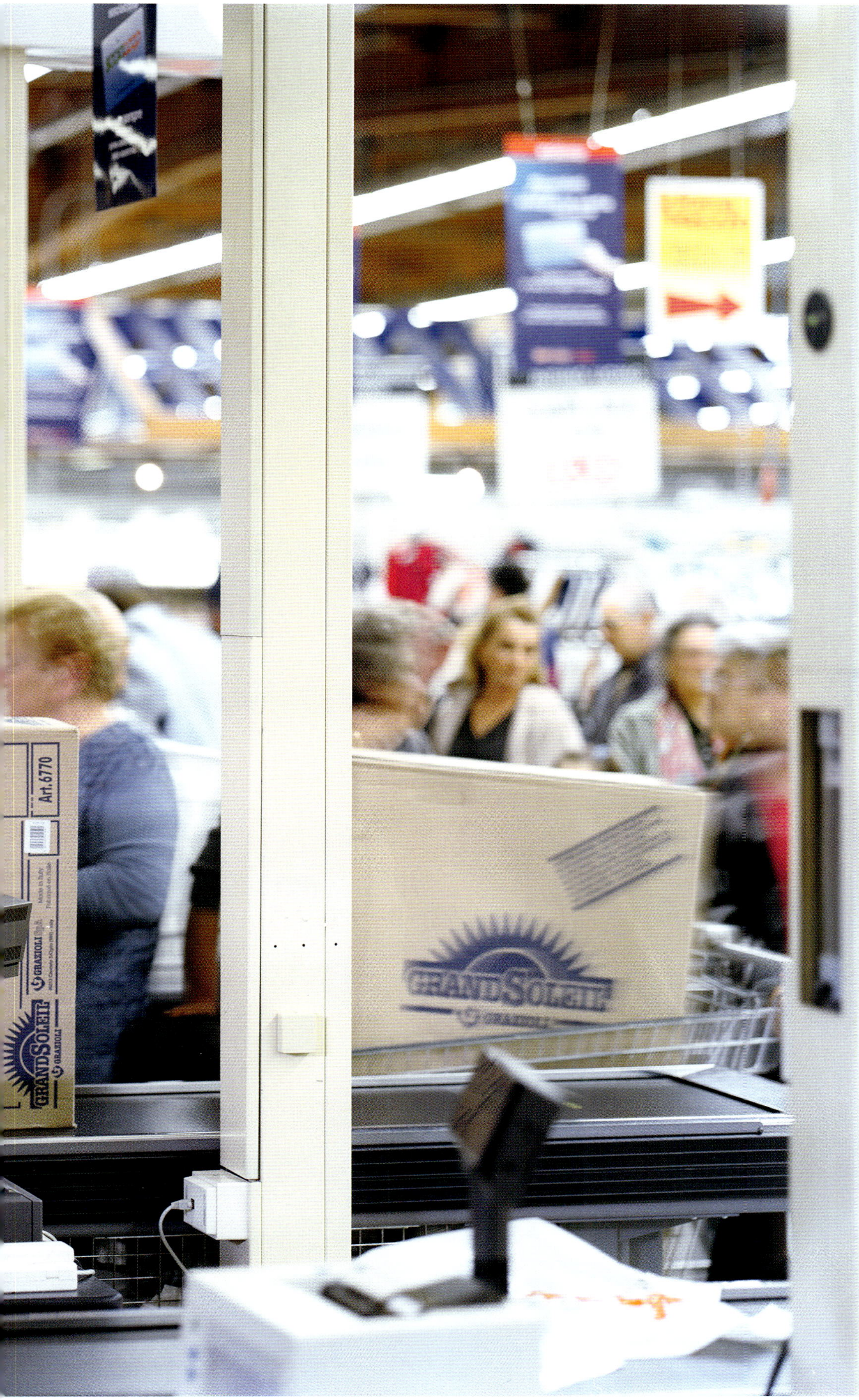

26. Centri commerciali sulla via Emilia 1999

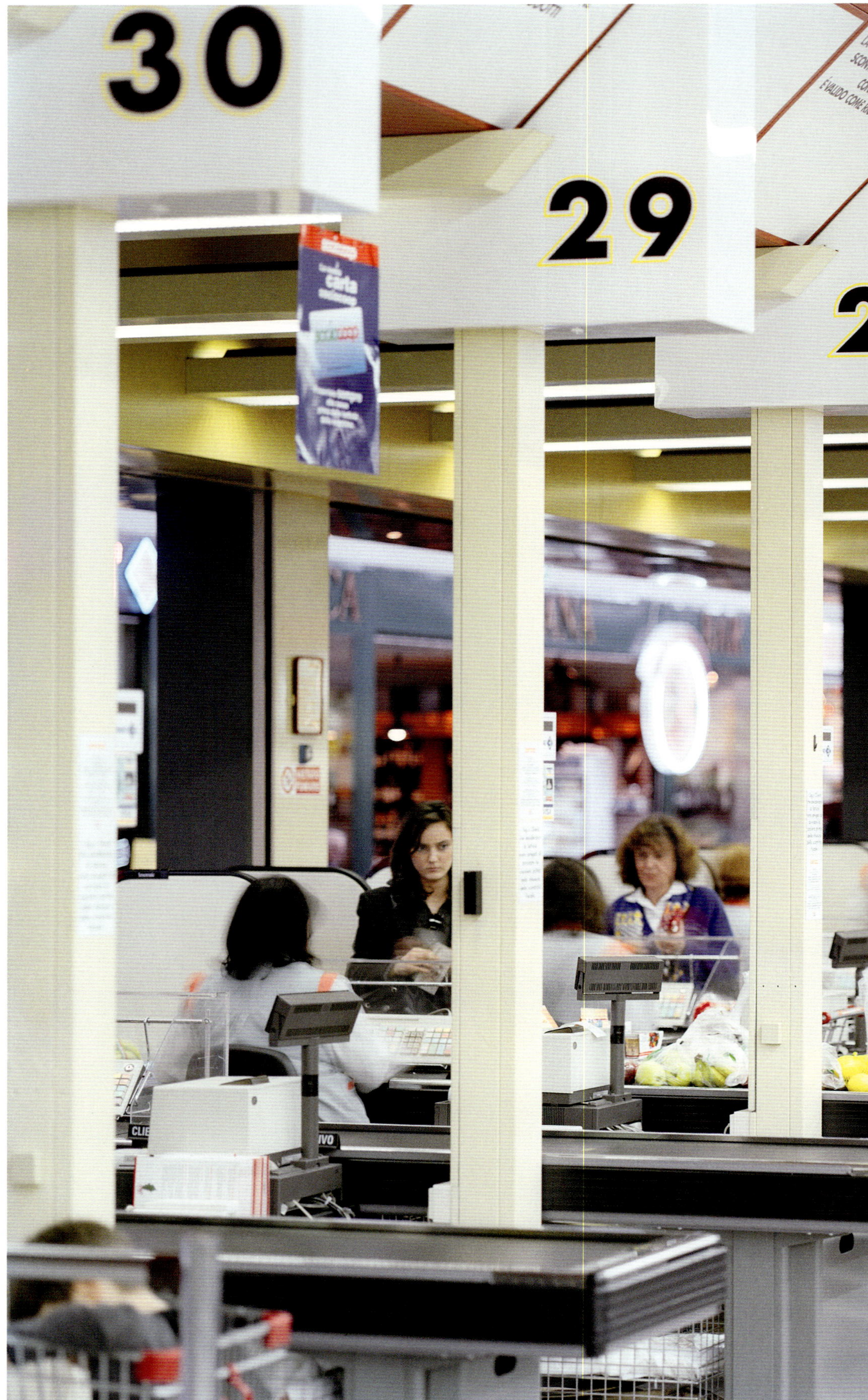
30
29

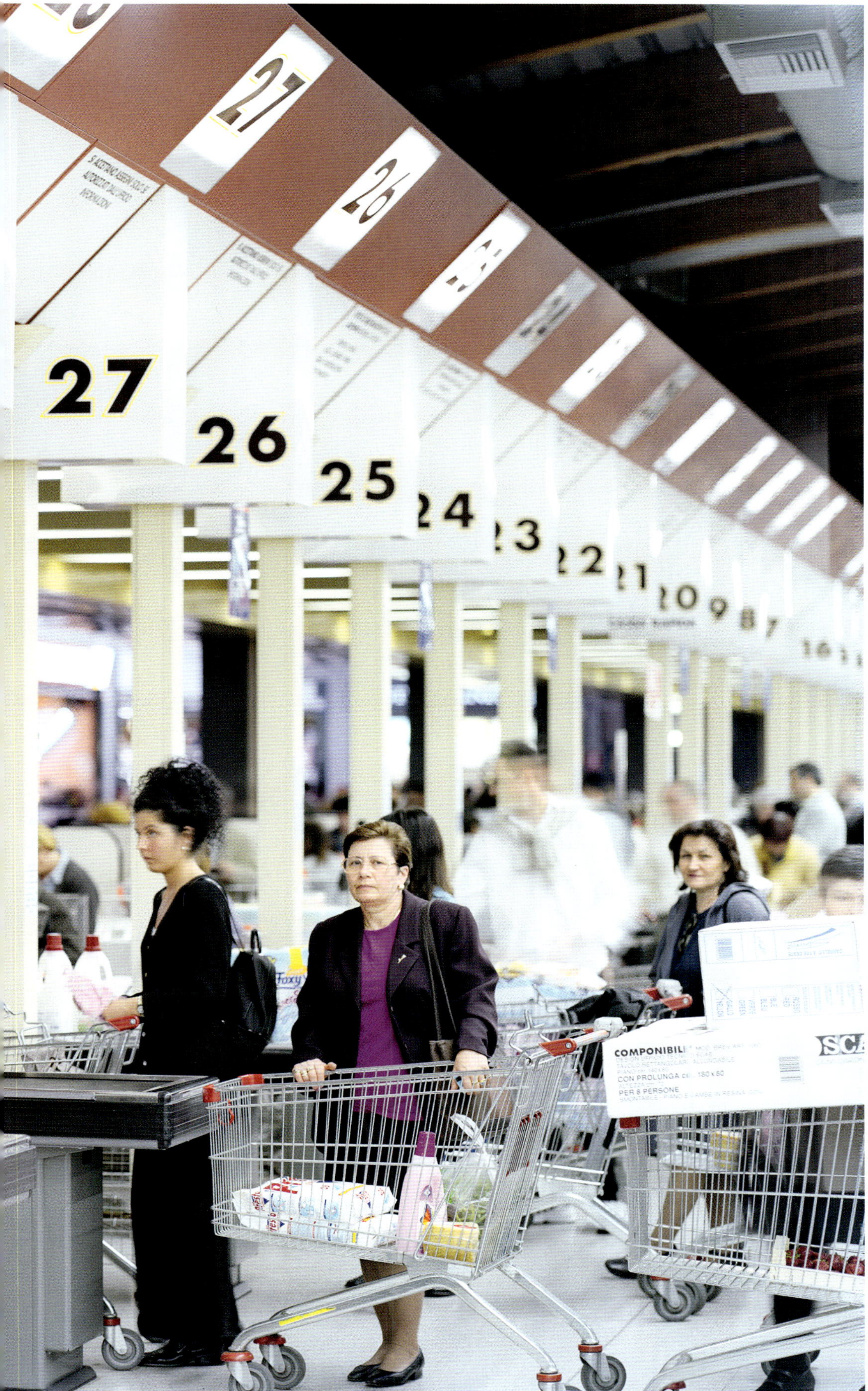

27. Centri commerciali sulla via Emilia 1999

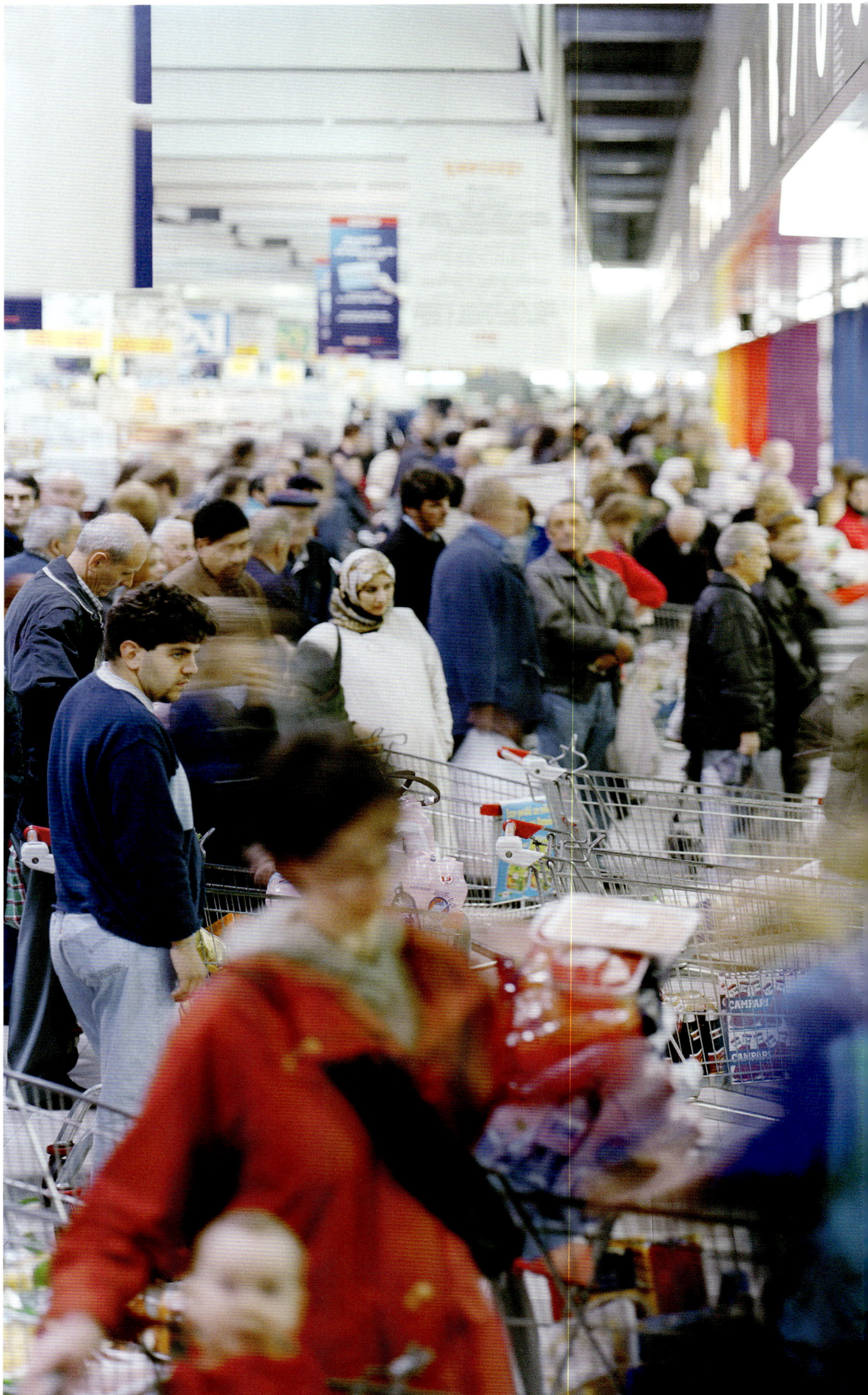
CAMPARI
CAMPARI

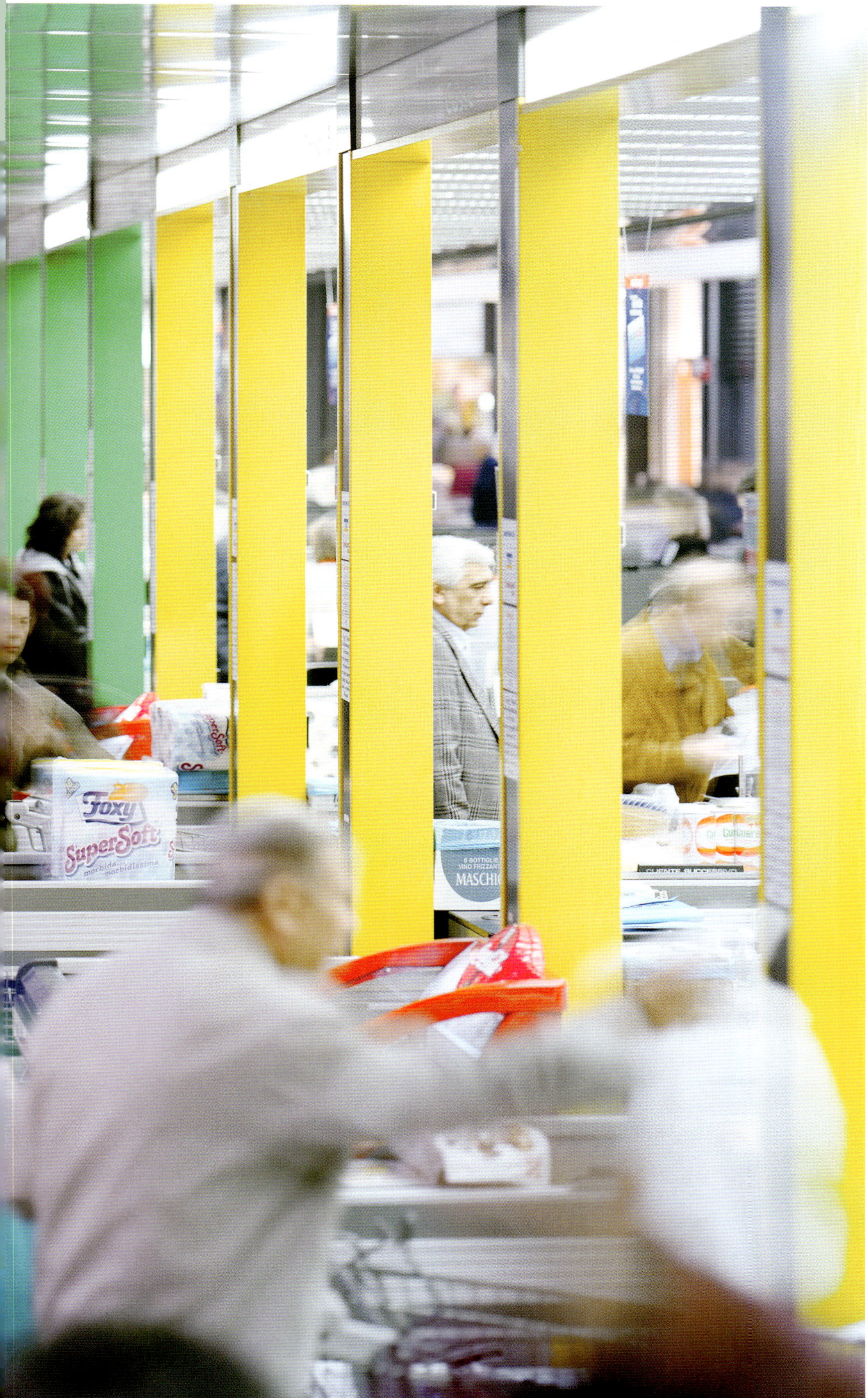

28. *Centri commerciali sulla via Emilia 1999*

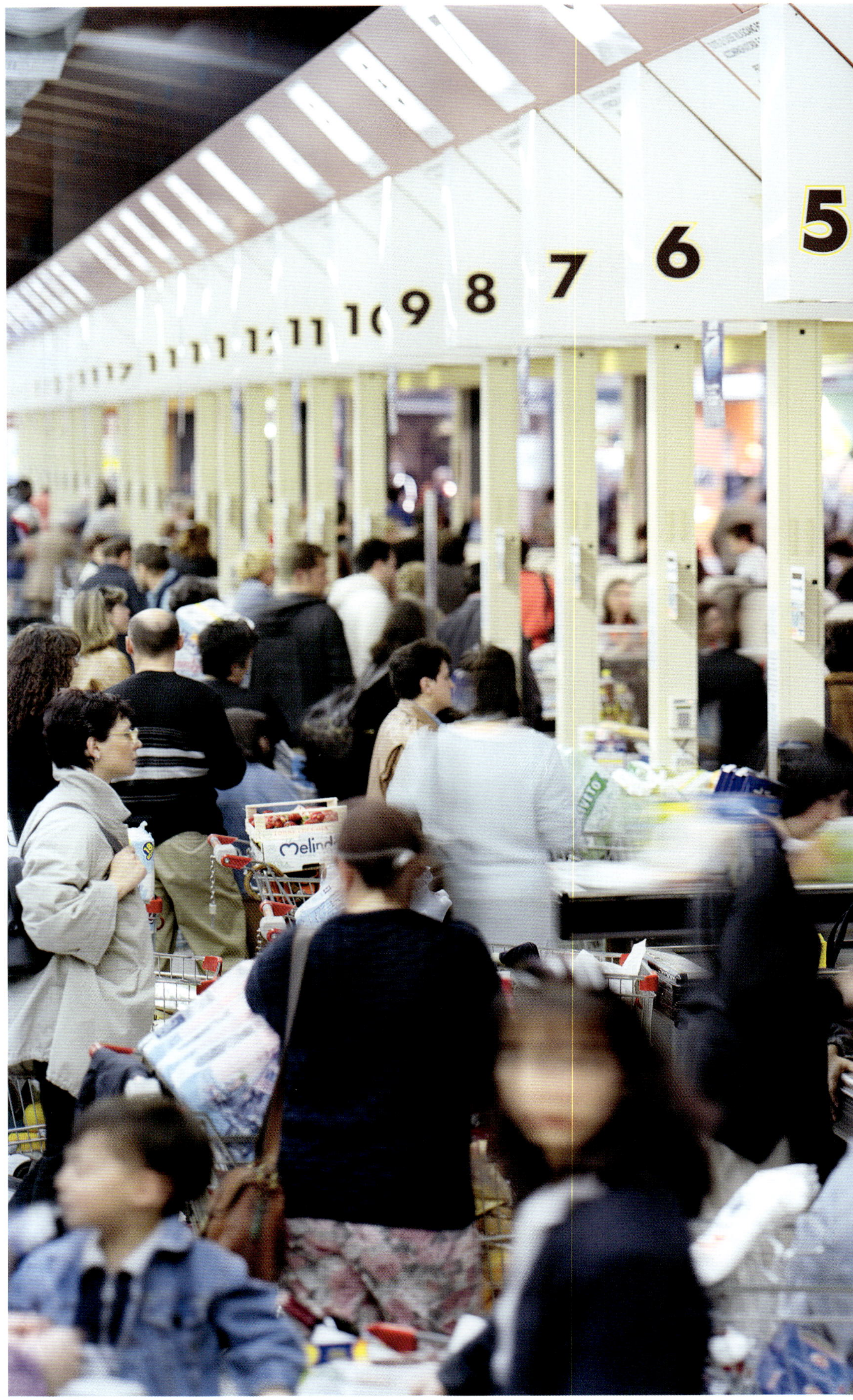
9
8
7
6
5

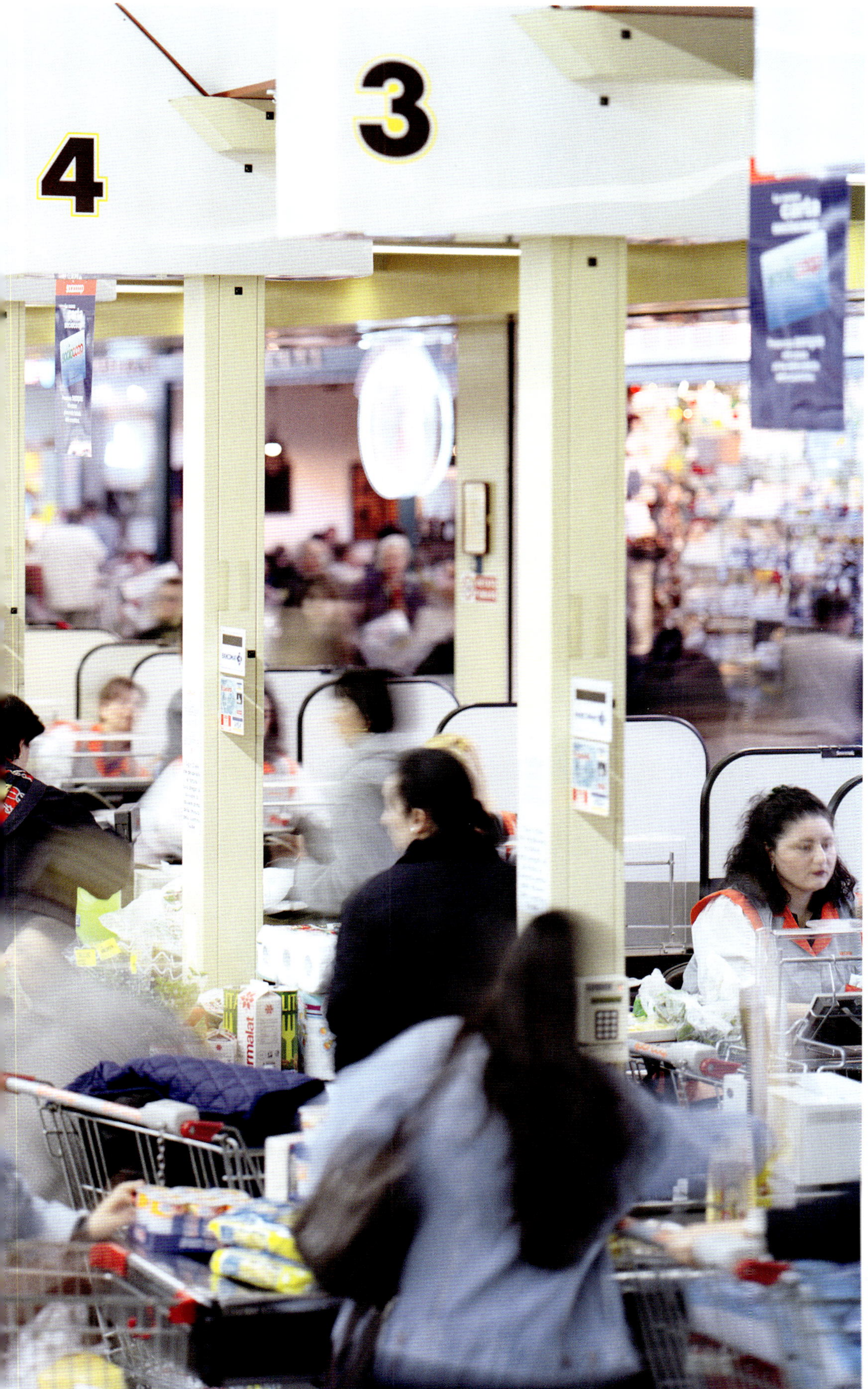

29. Centri commerciali sullc via Emilia 1999

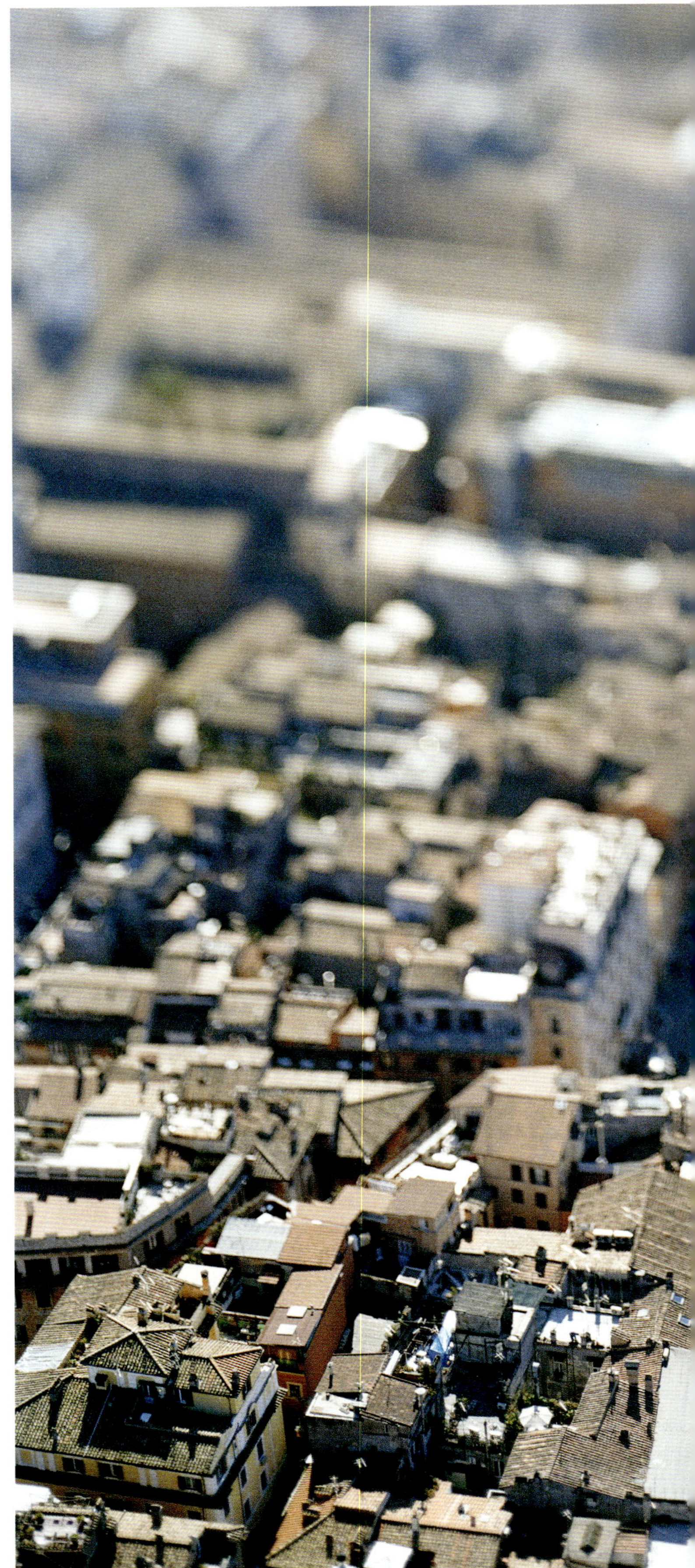

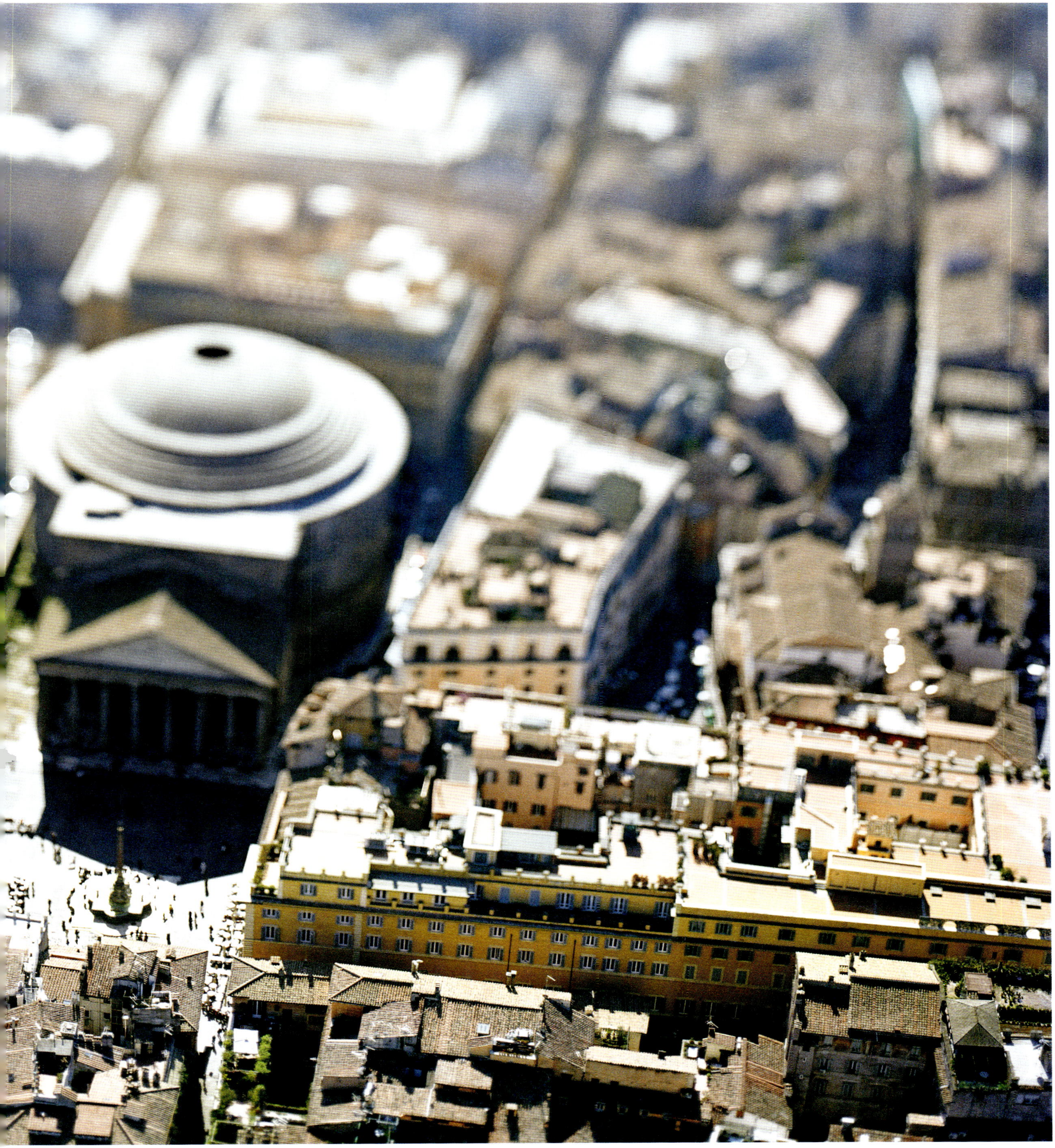

30. *site specific_ROMA 04*

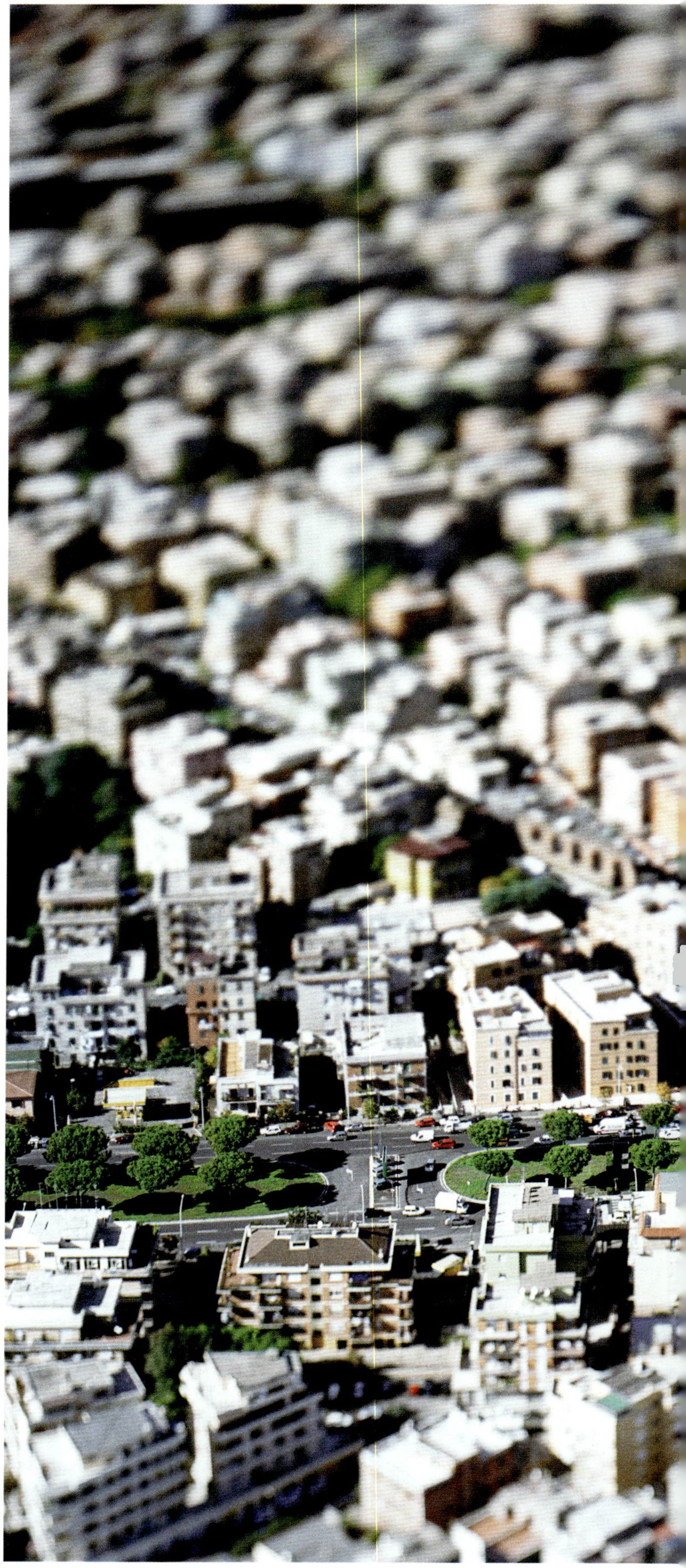

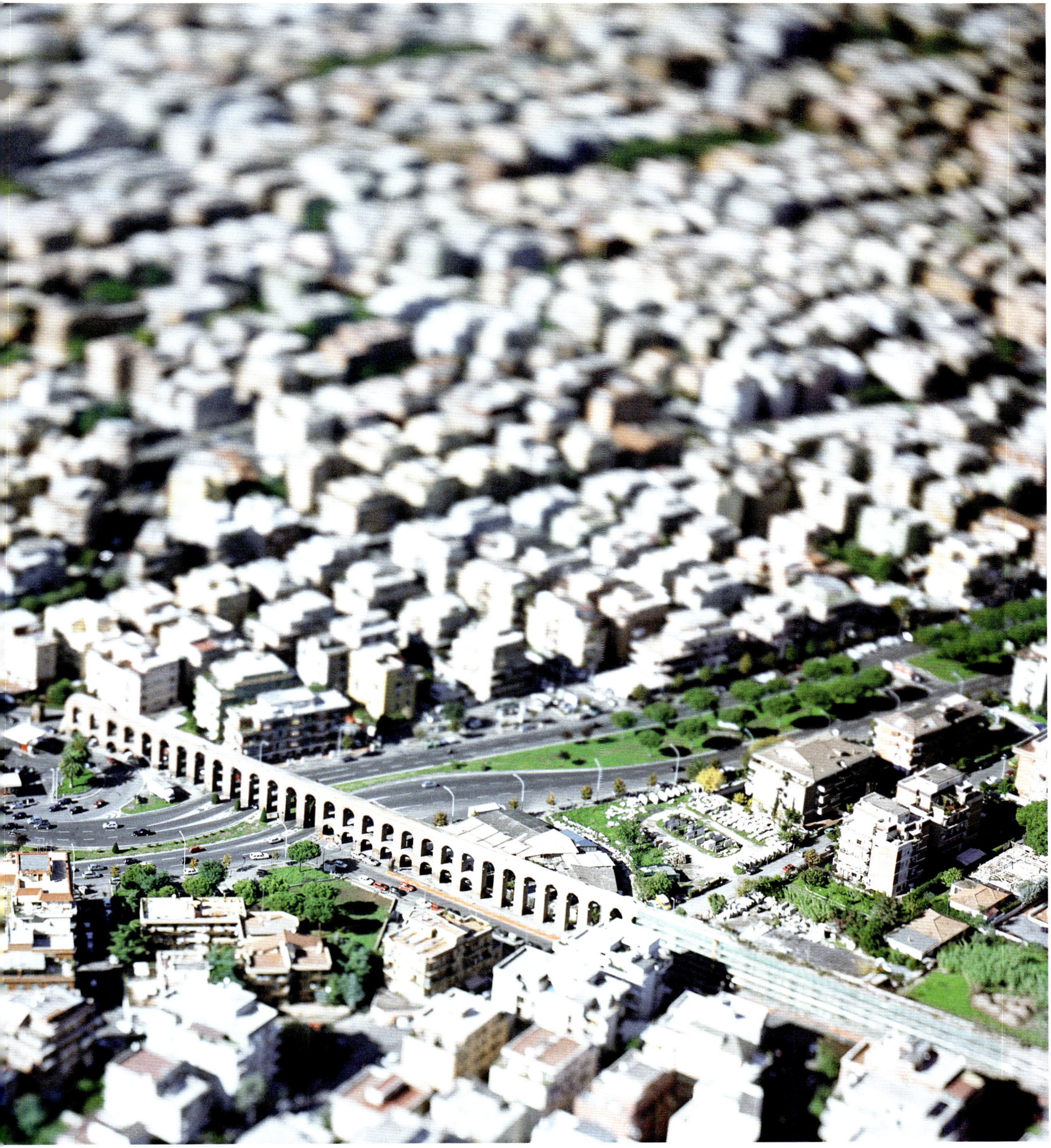

31. *site specific_ROMA C3*

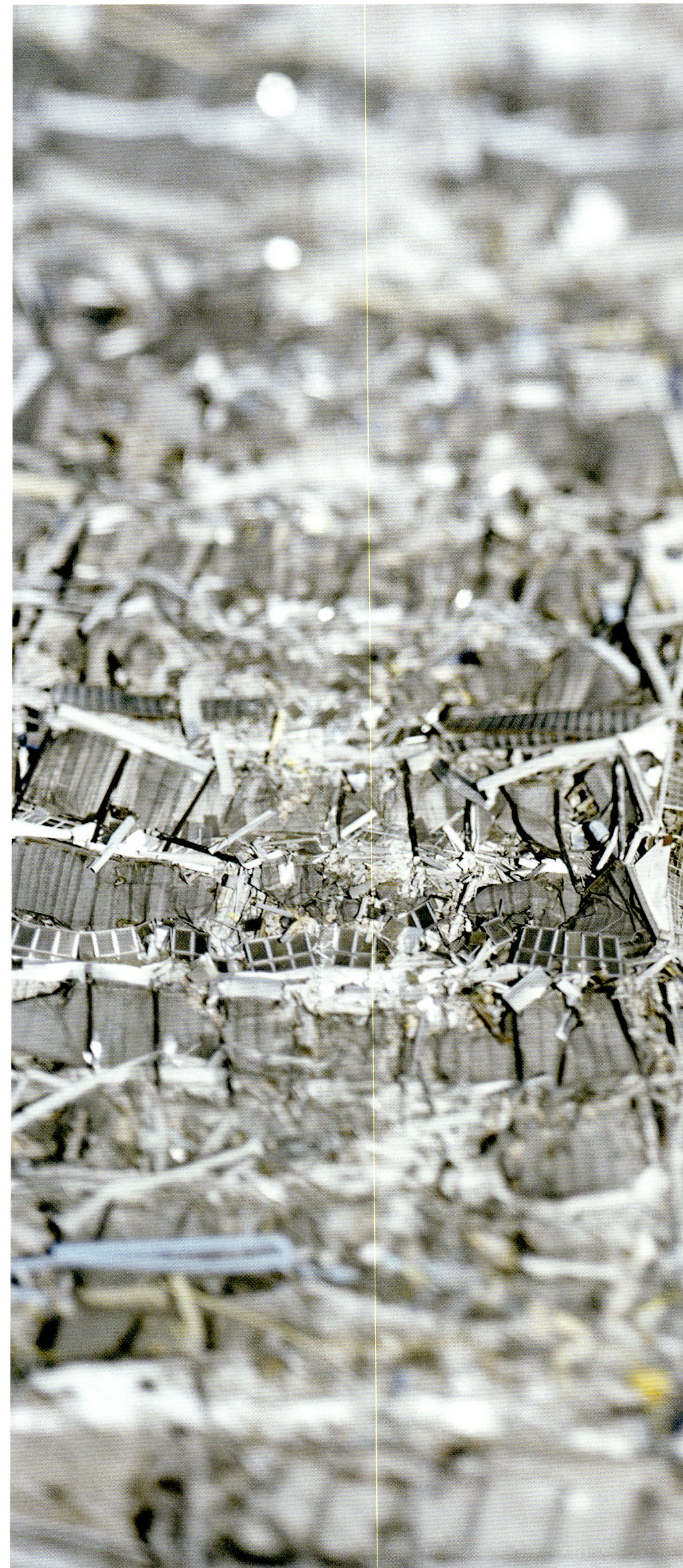

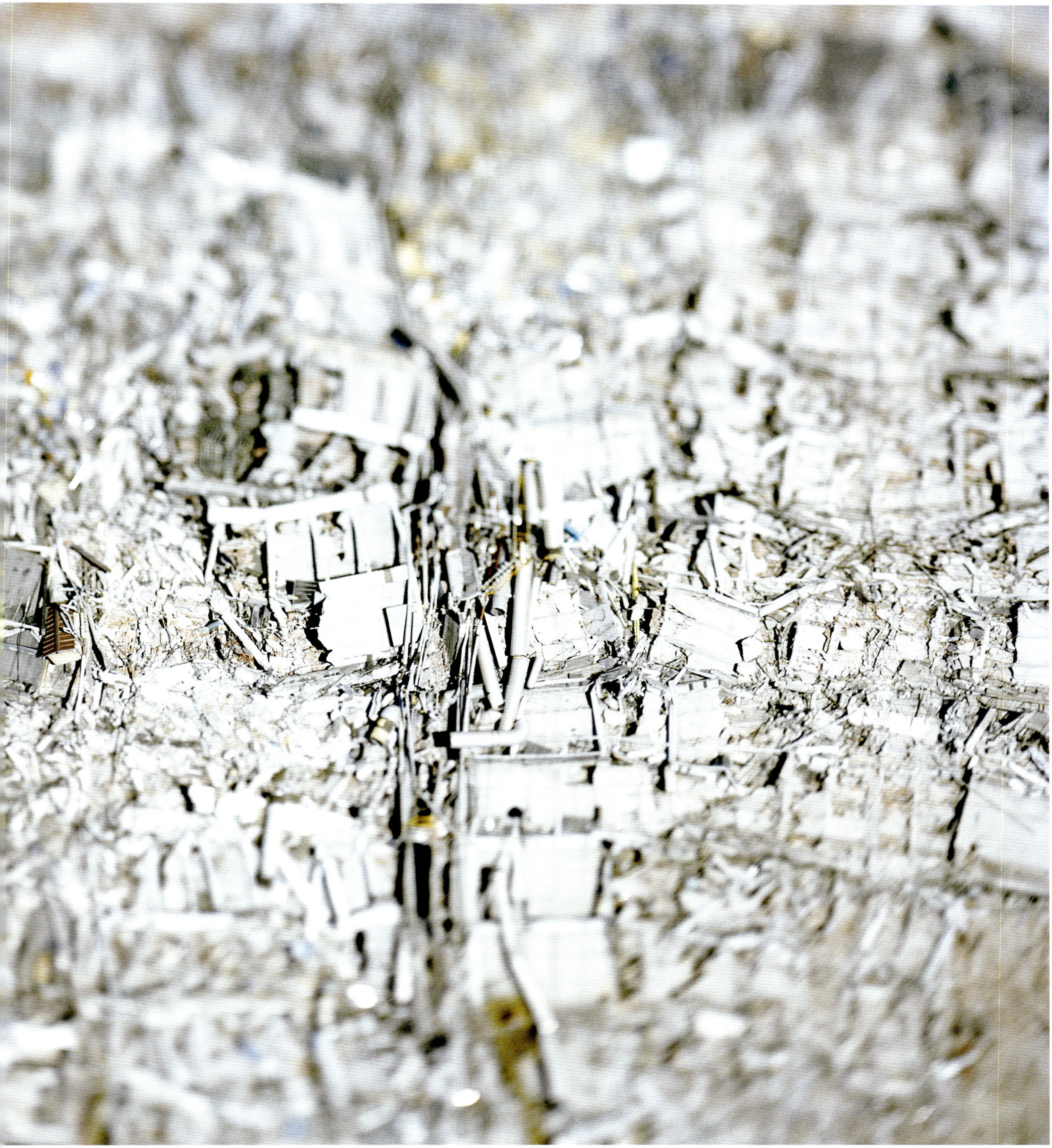

32. *site specific_TORINO 06*

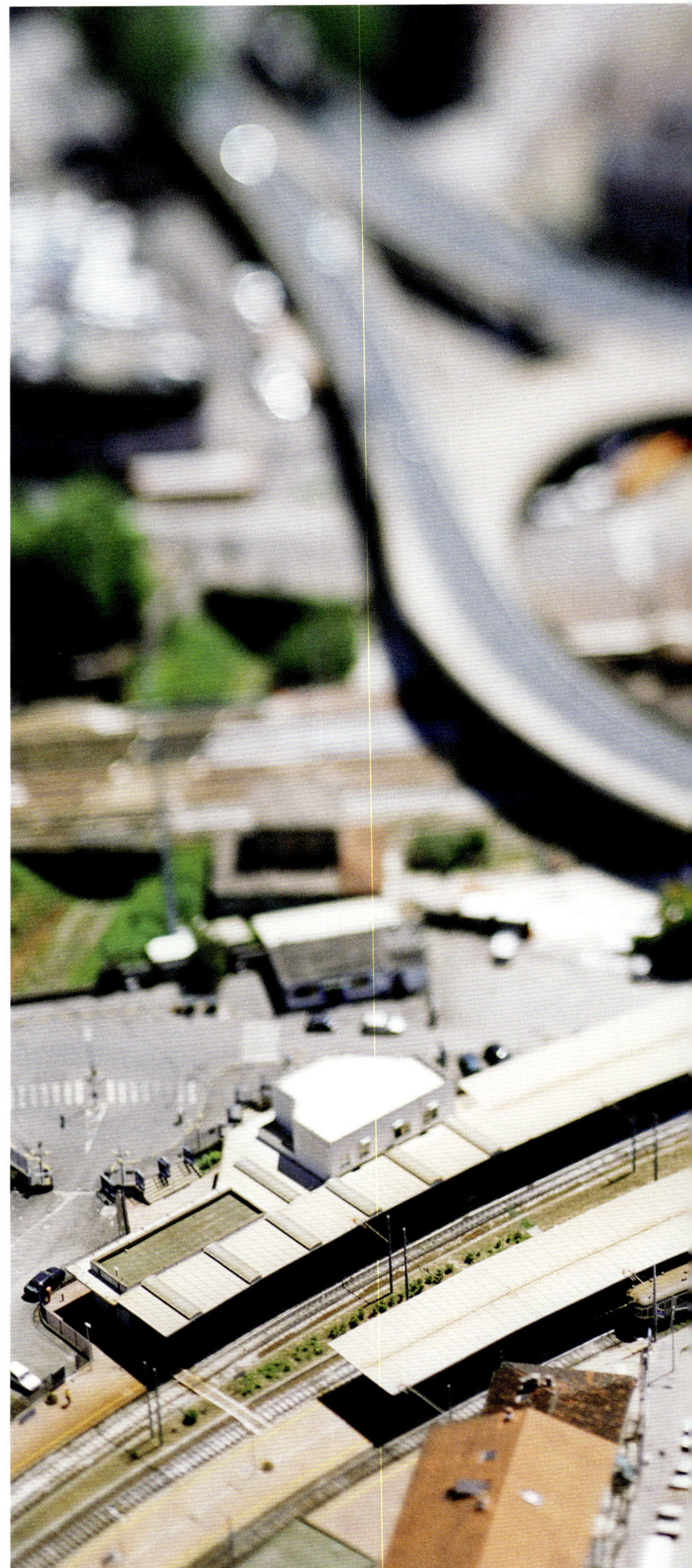

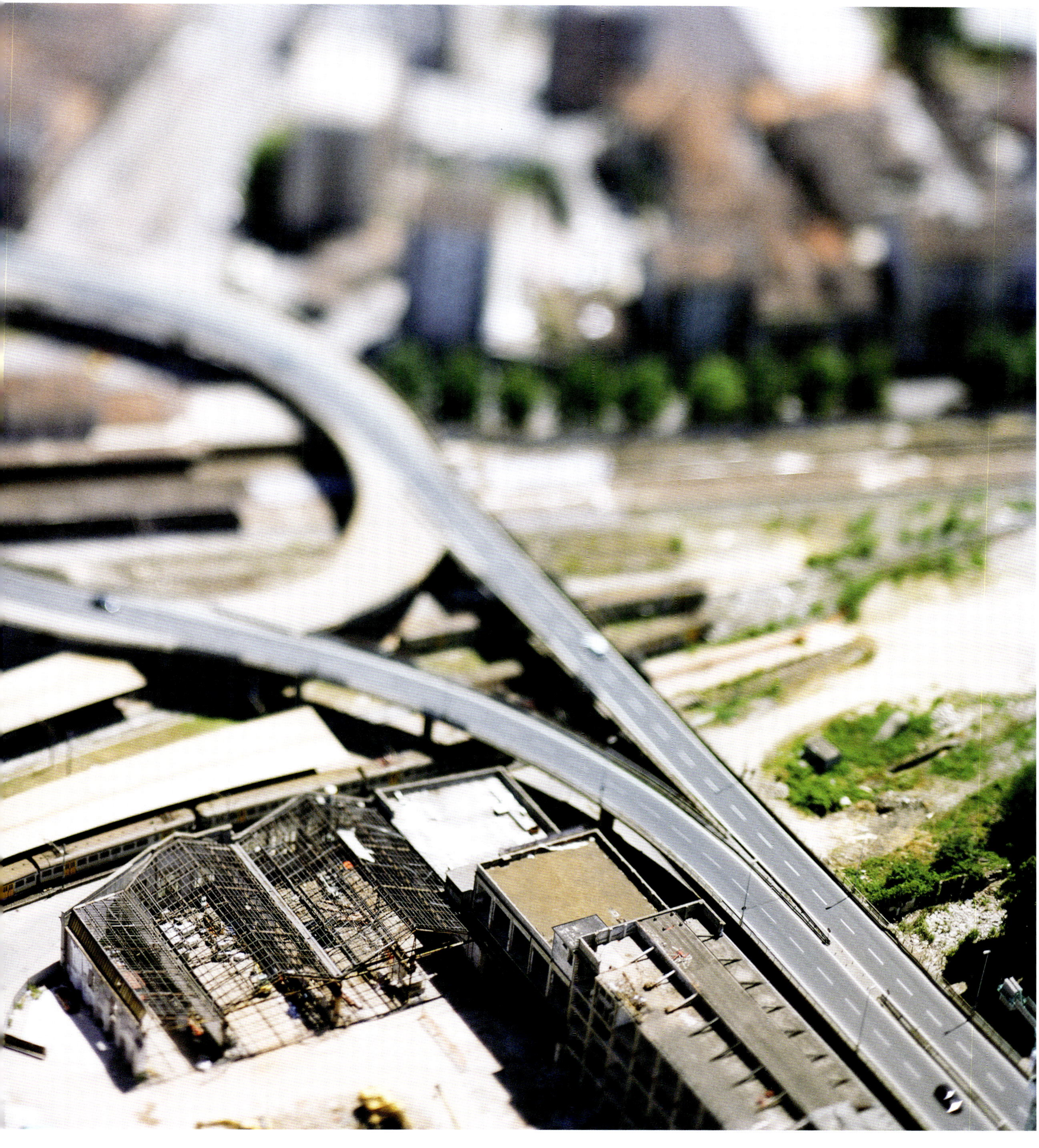

33. *site specific_TORINO 06*

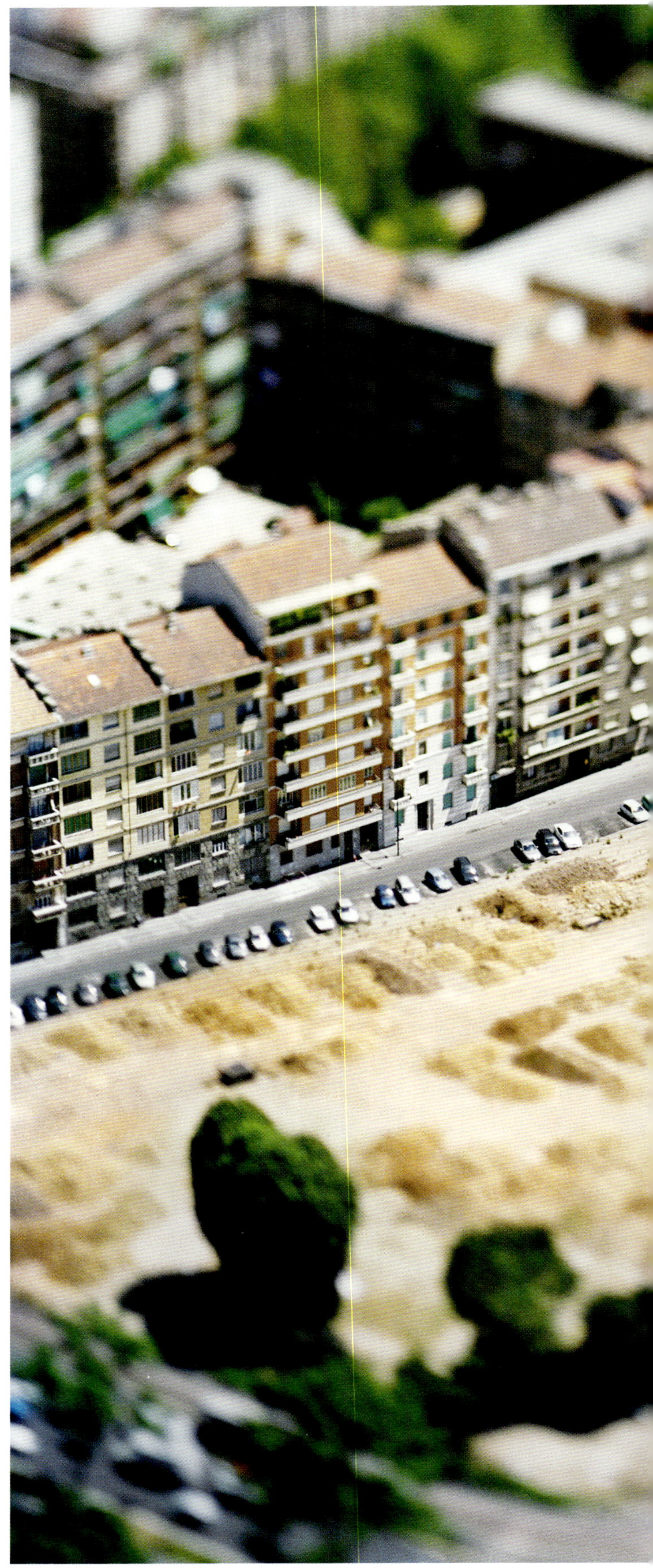

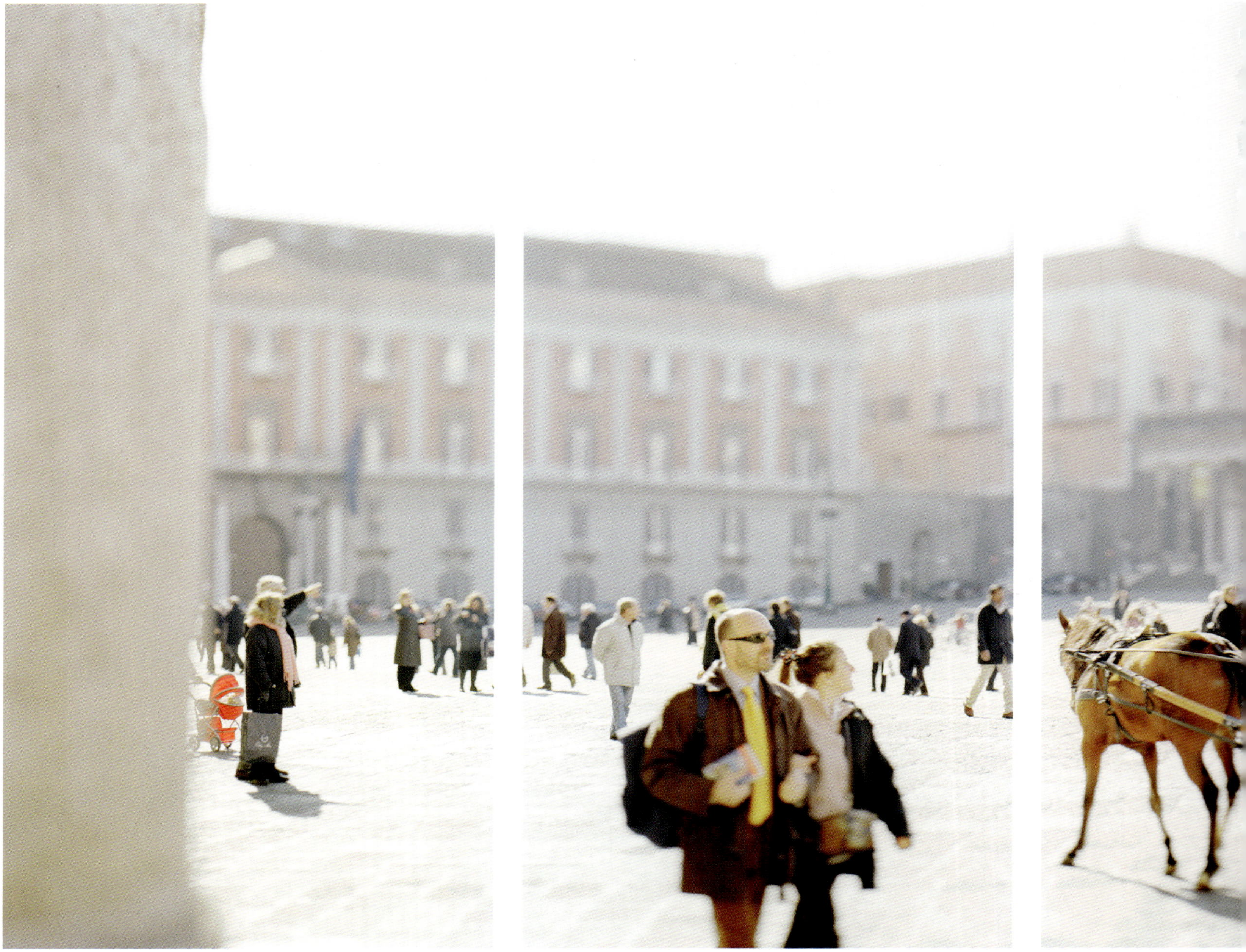

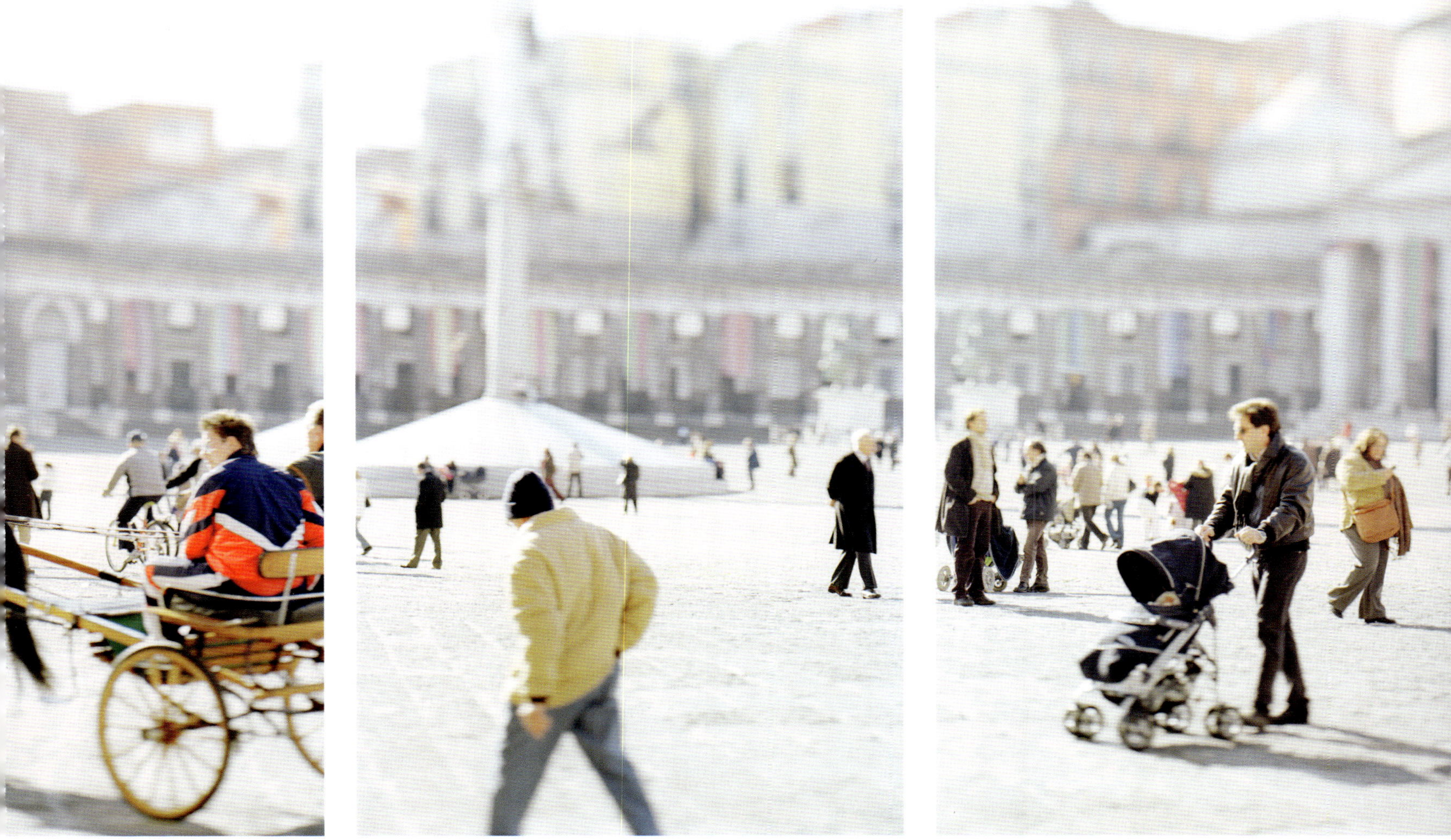

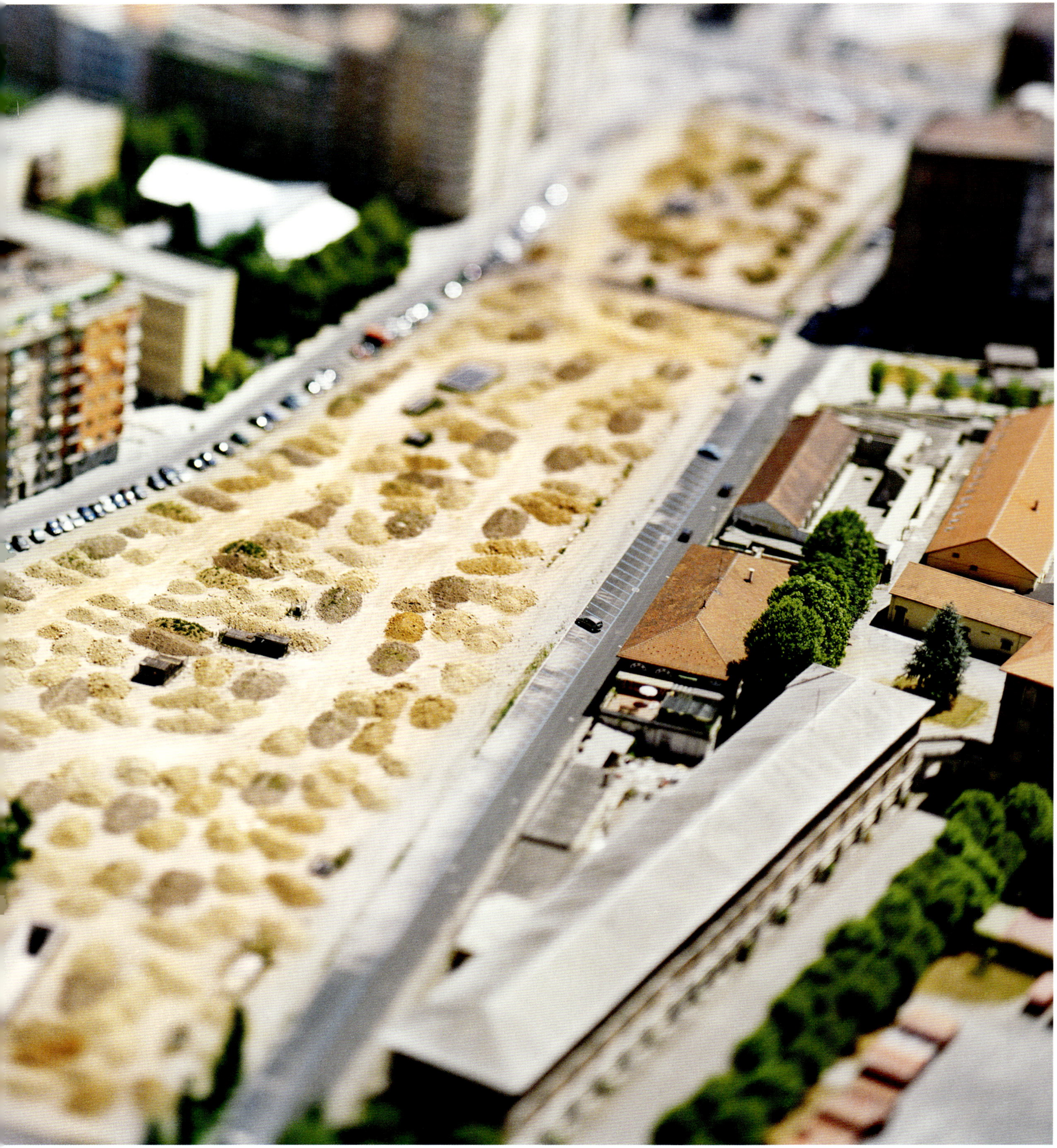

34. *site specific_TORINO 06*

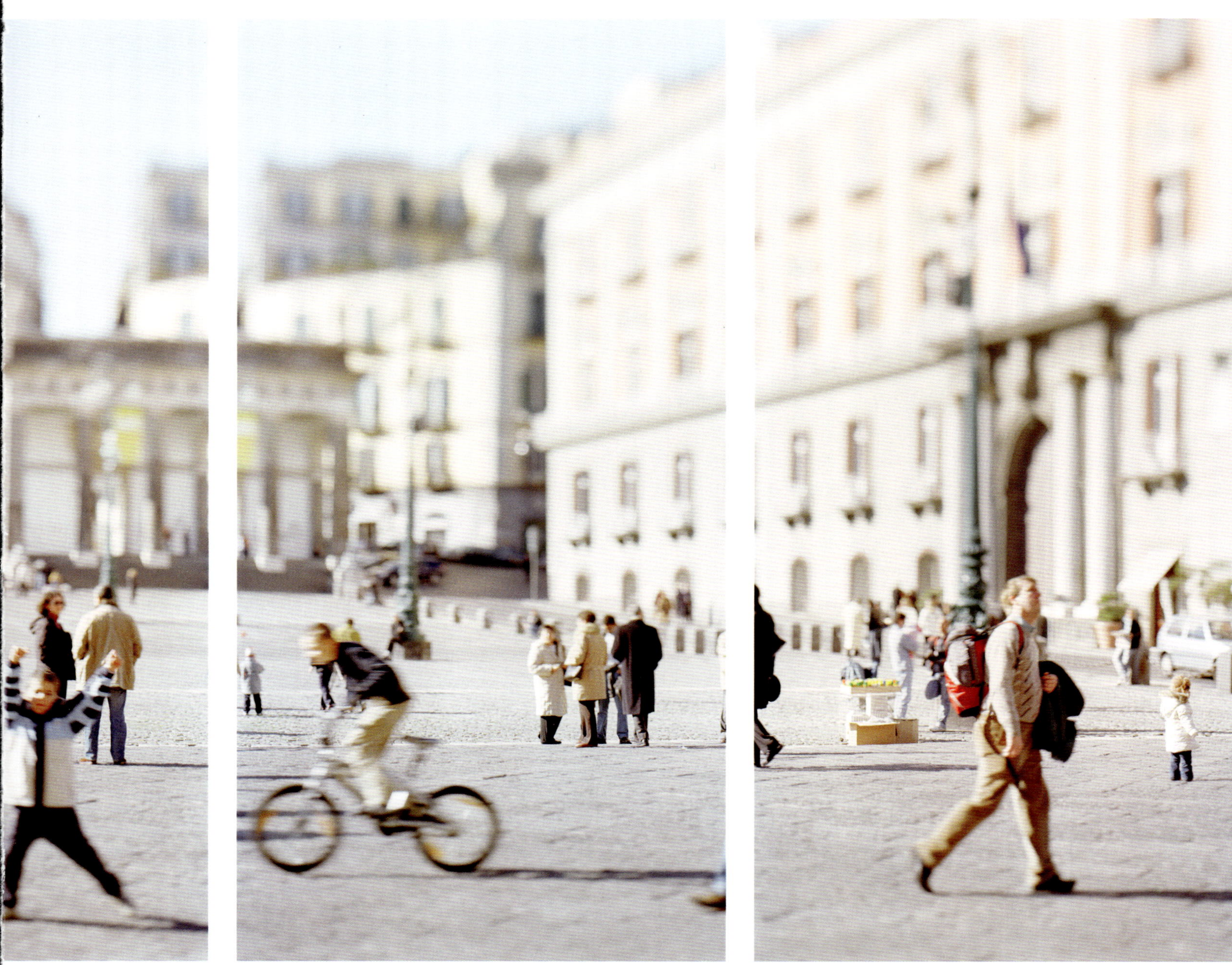

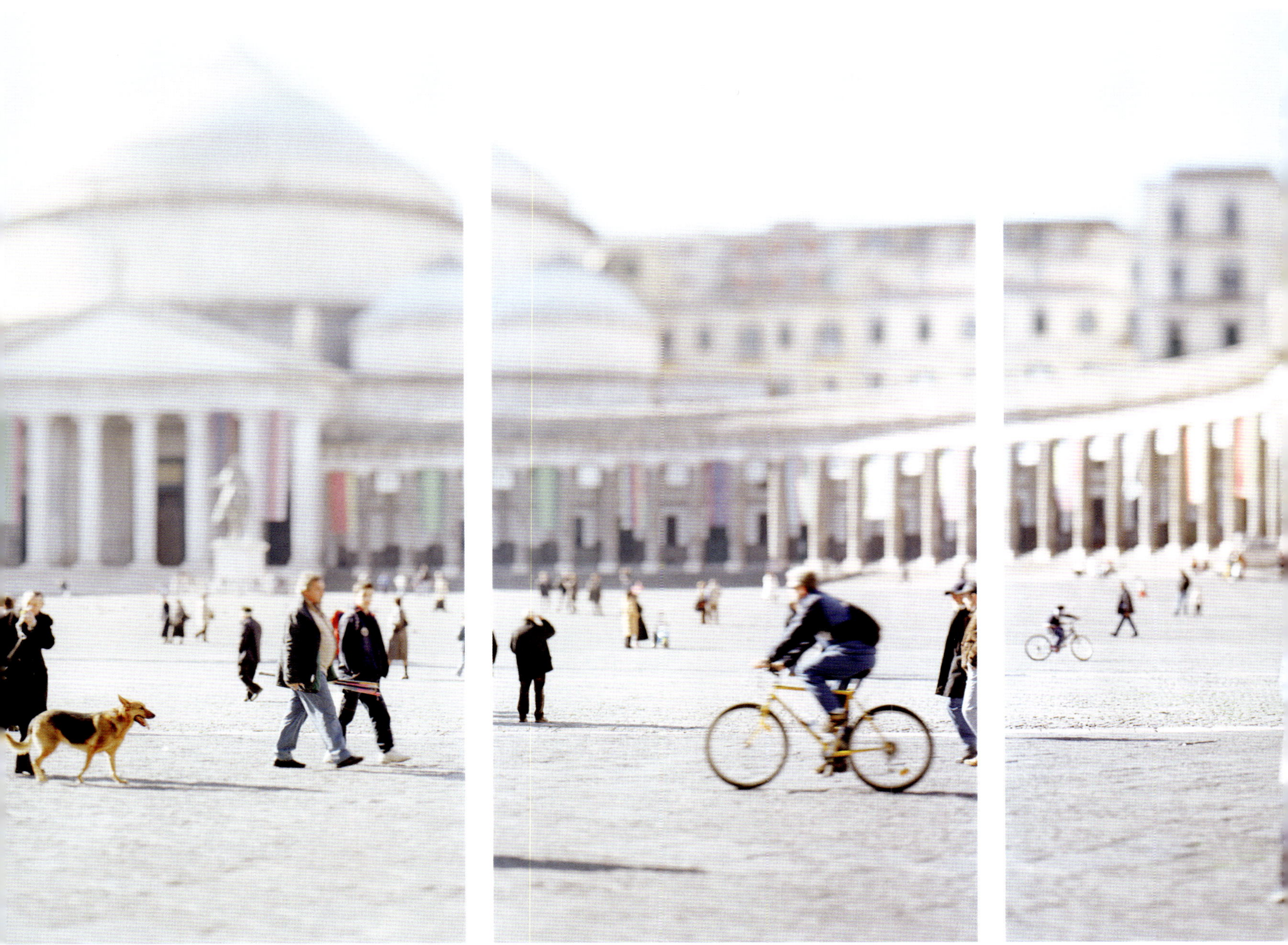

35. Napoli 2005

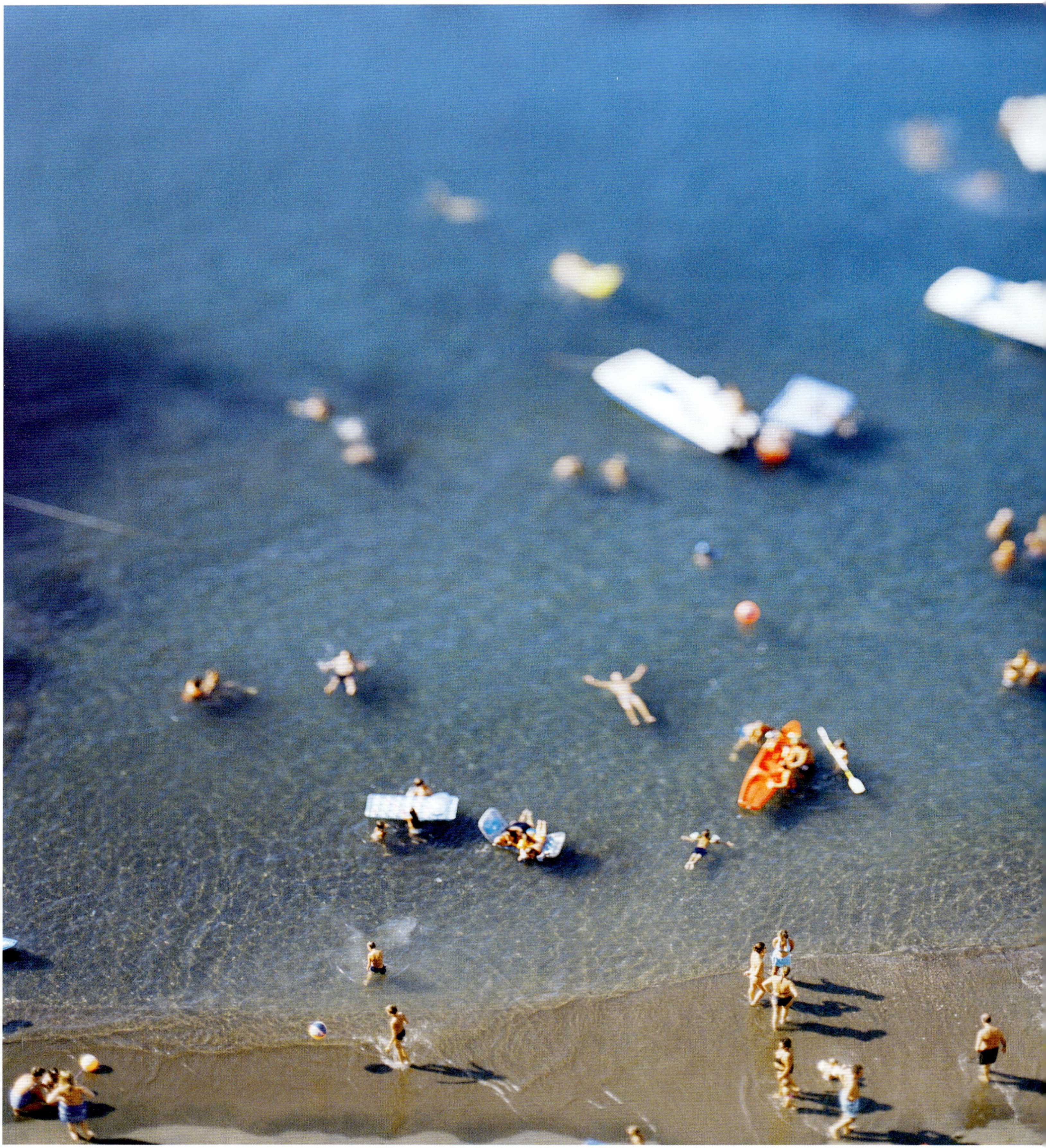

36. Sorrento 2004

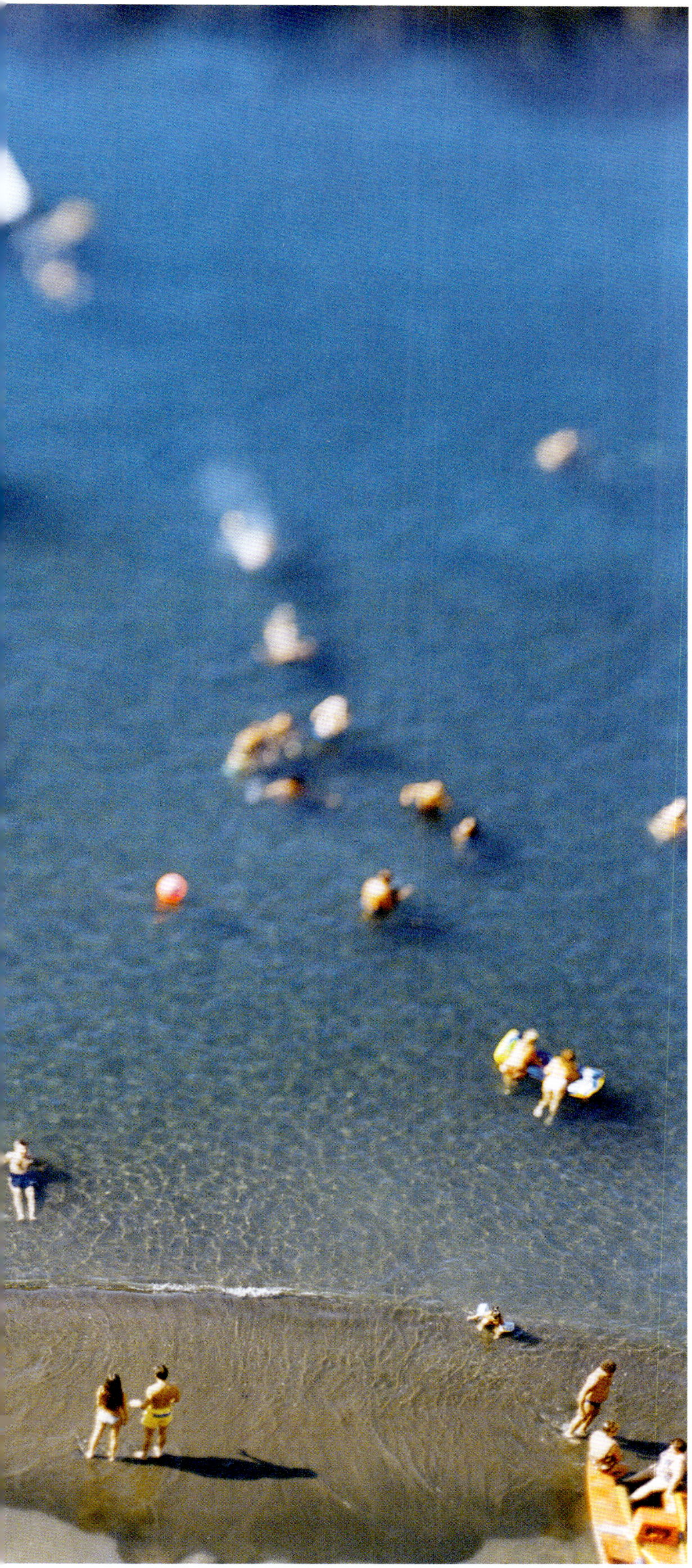

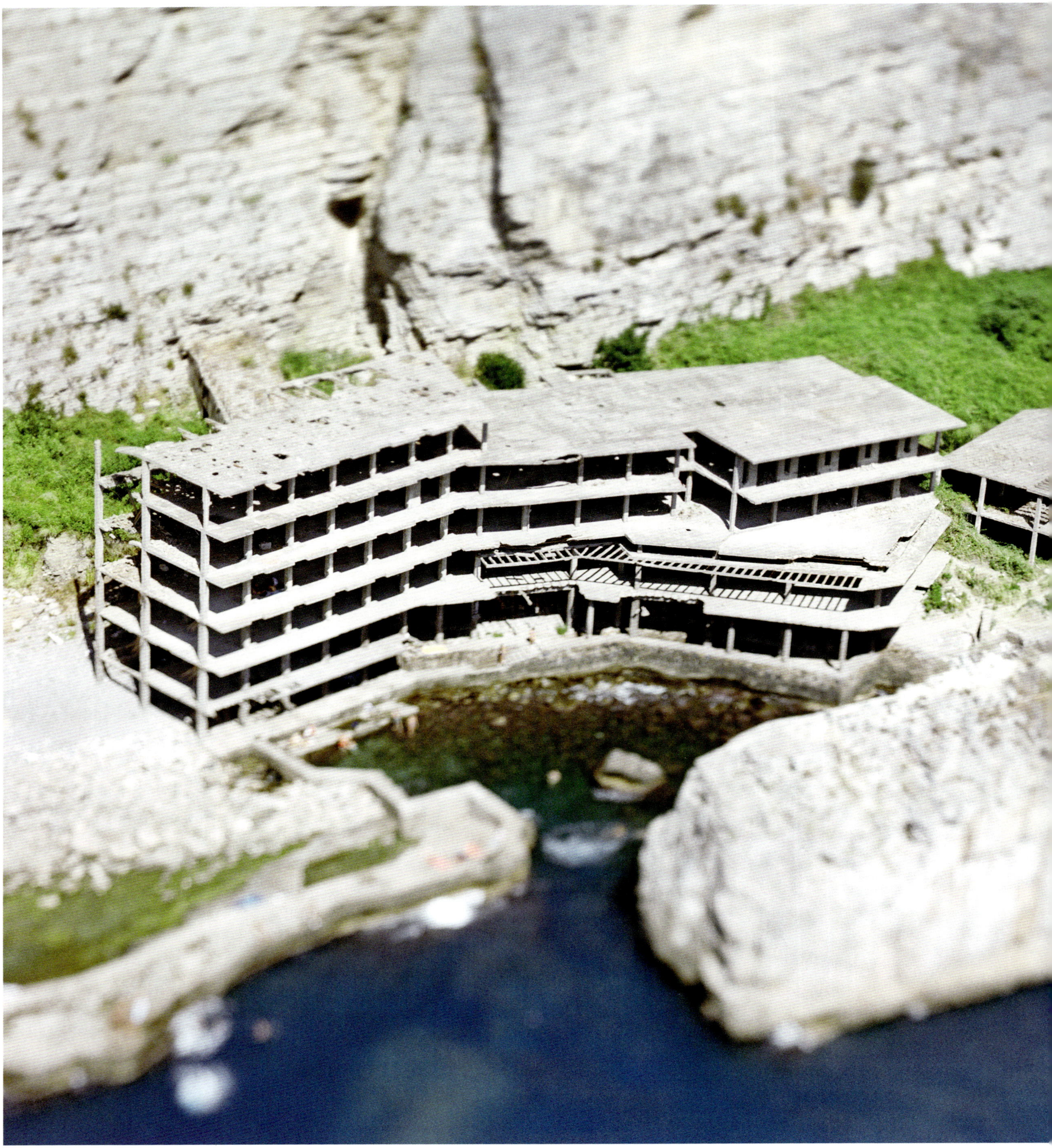

37. Vico Equense, Napoli 2004

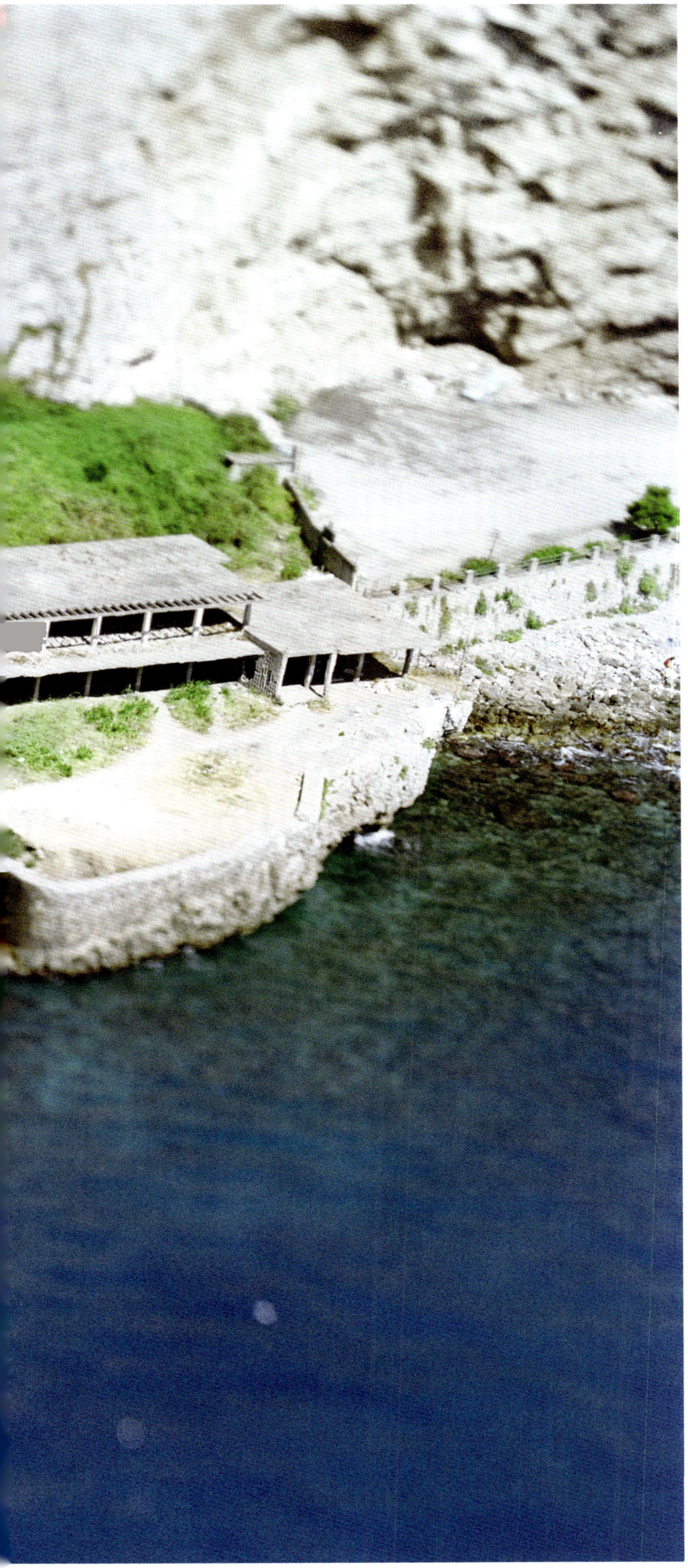

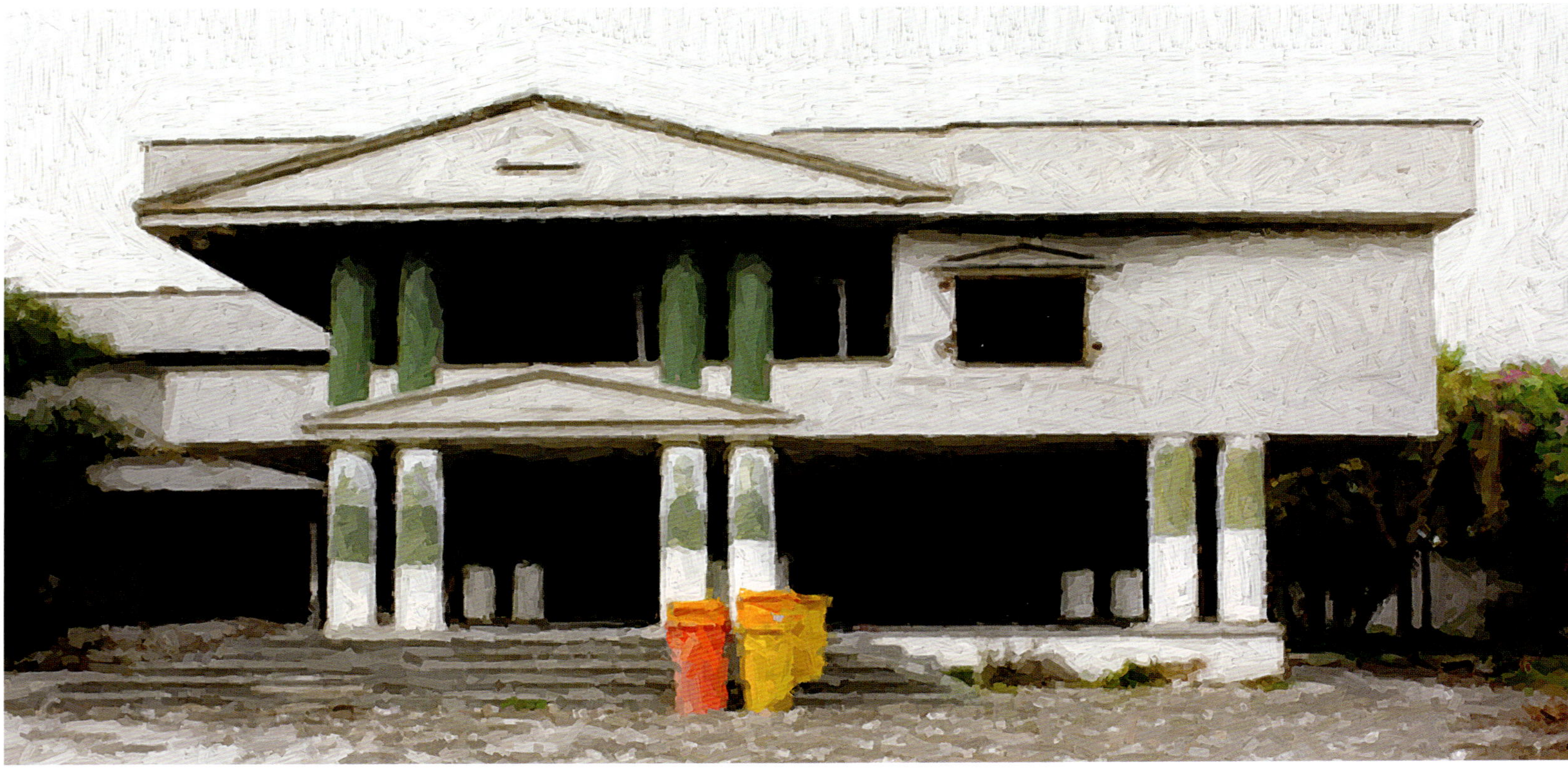

38. *Casal di Principe, Caserta 2007*

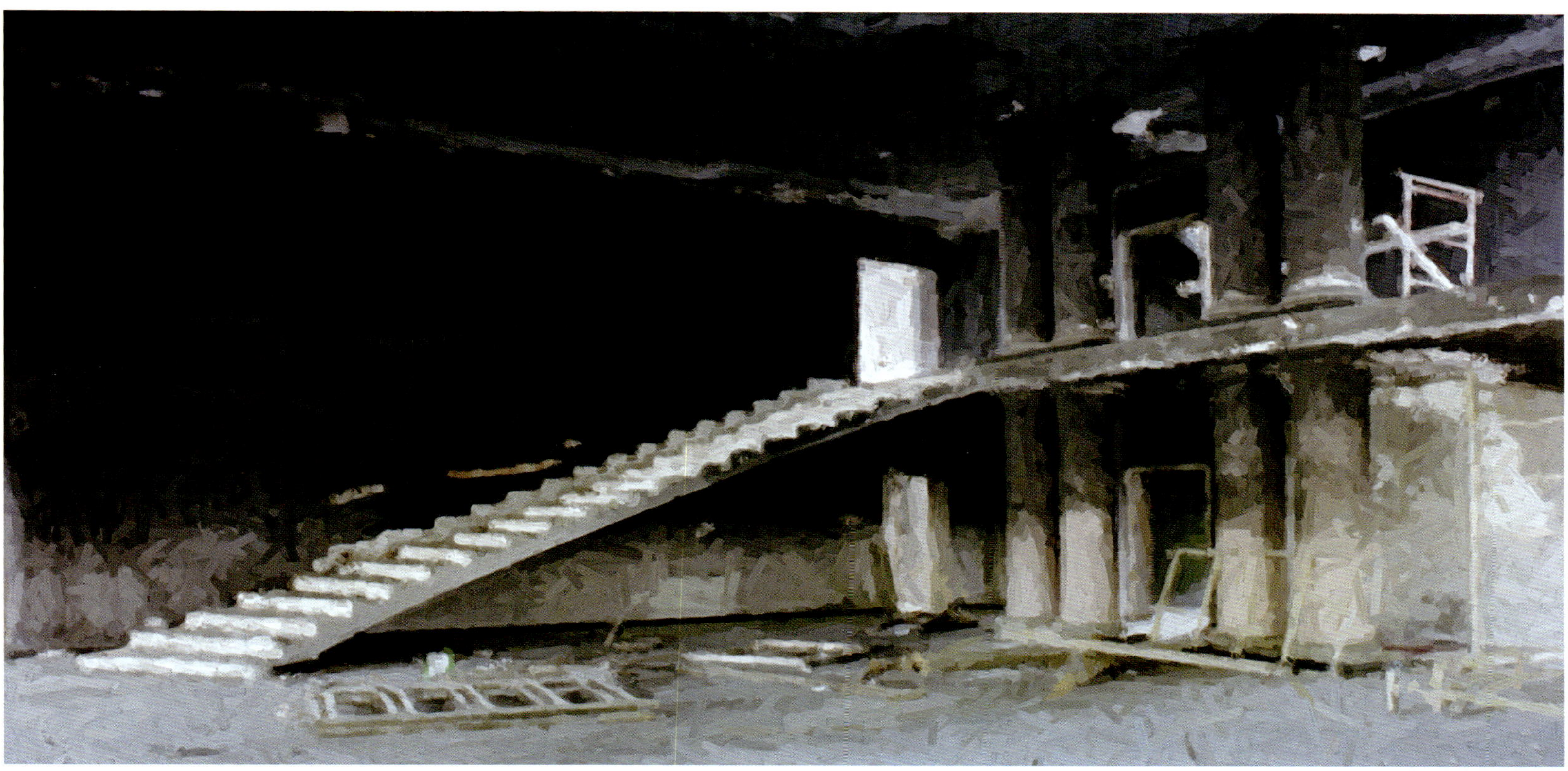

39. *Casal di Principe, Caserta 2007*

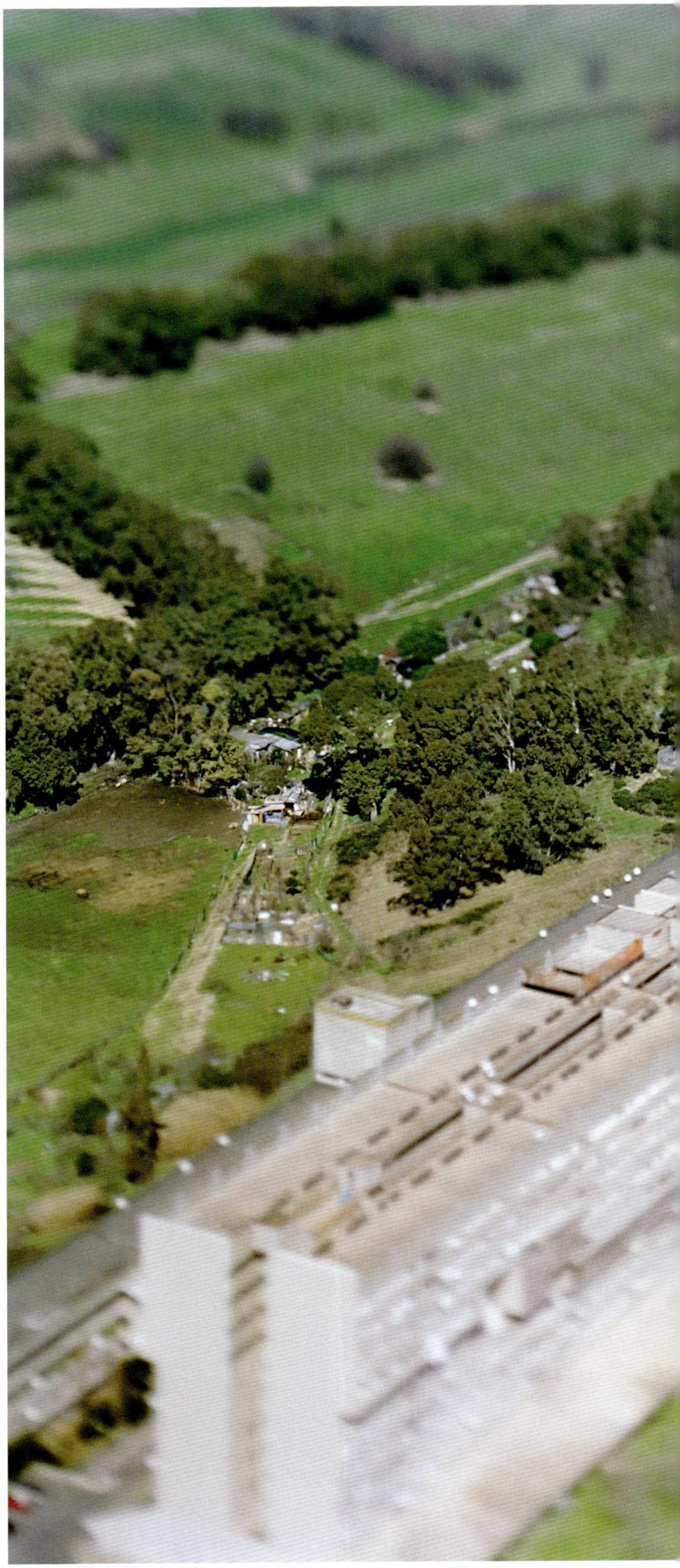

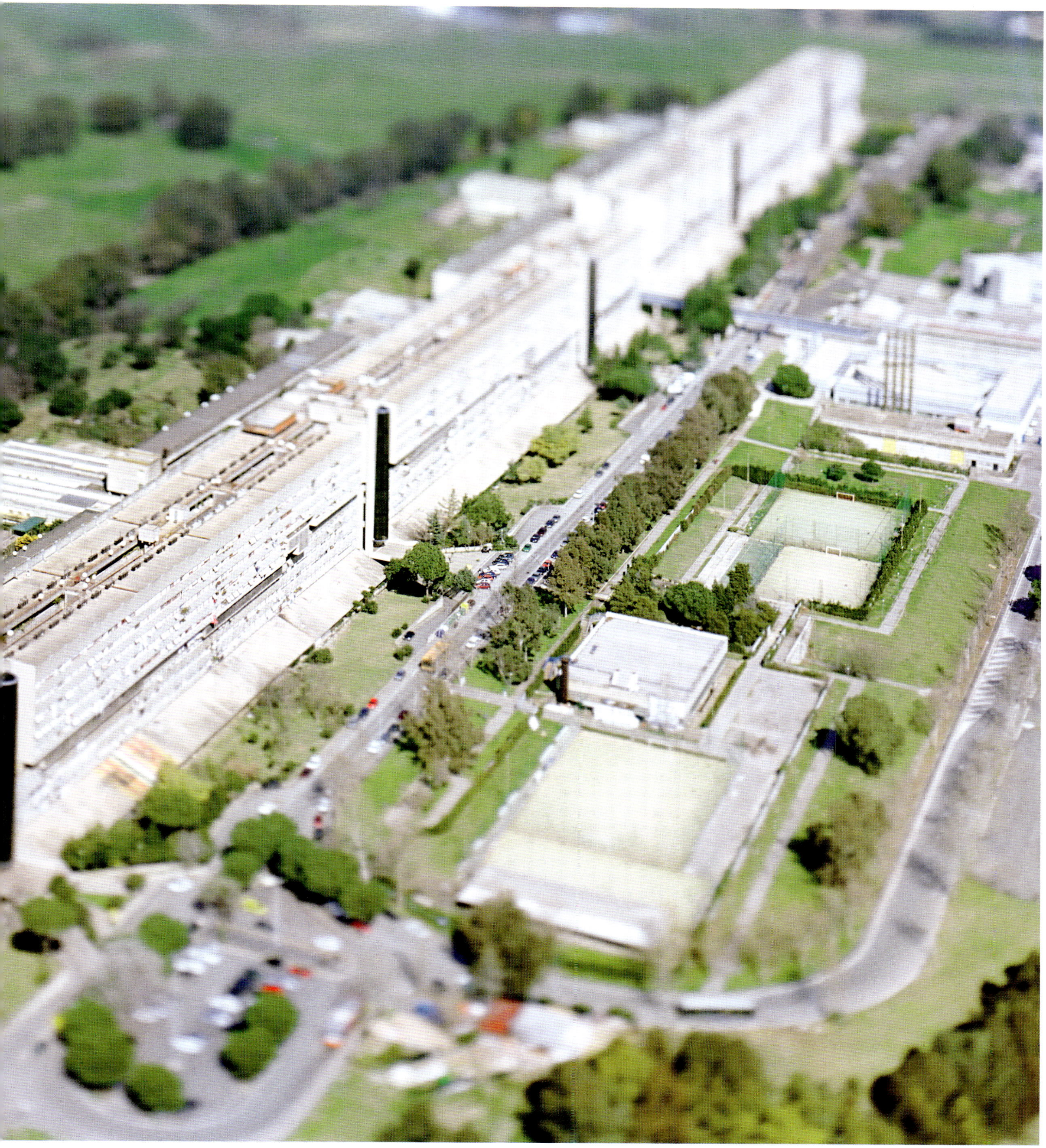

40. site specific_ROMA 03

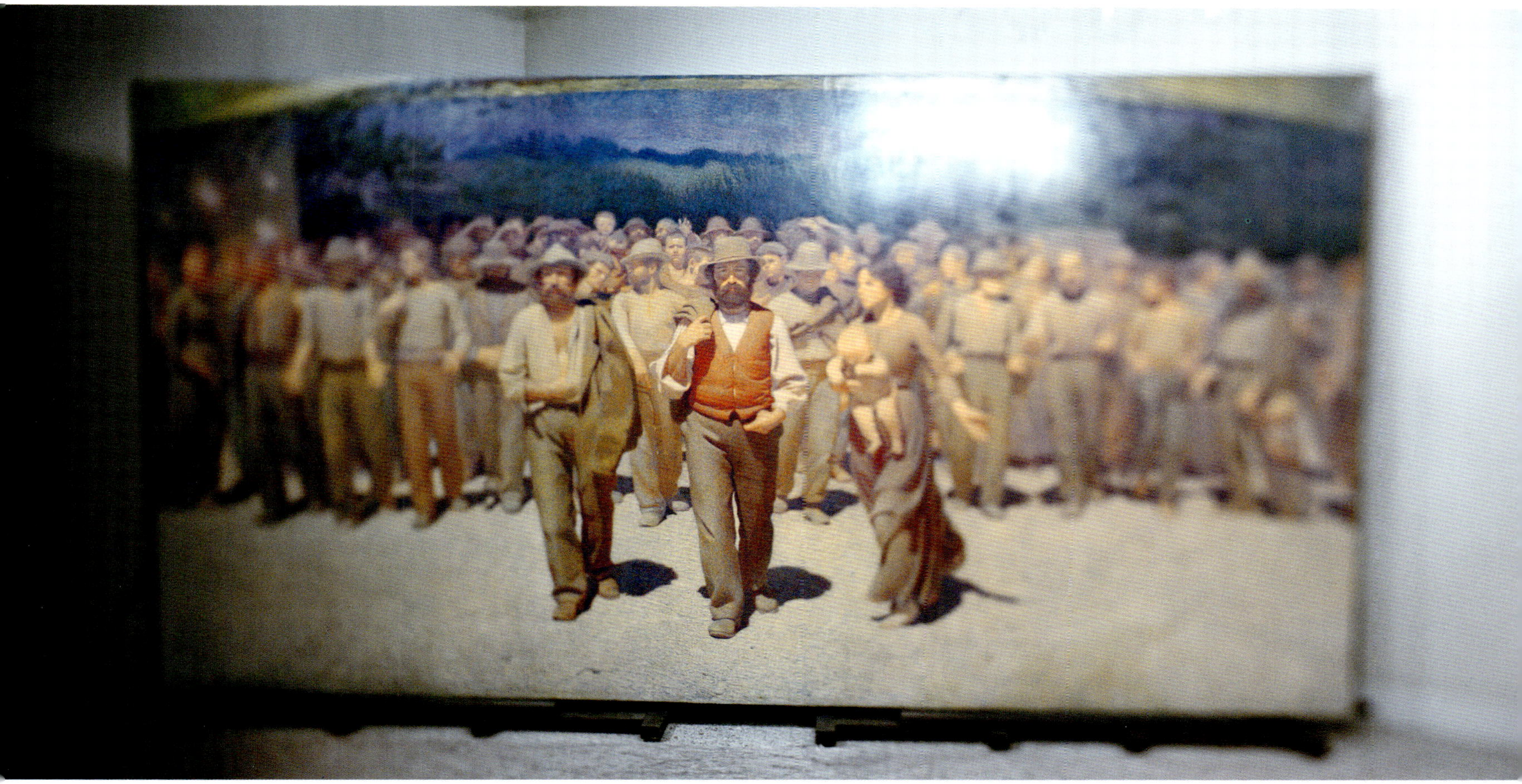

41. *Milano 2001*

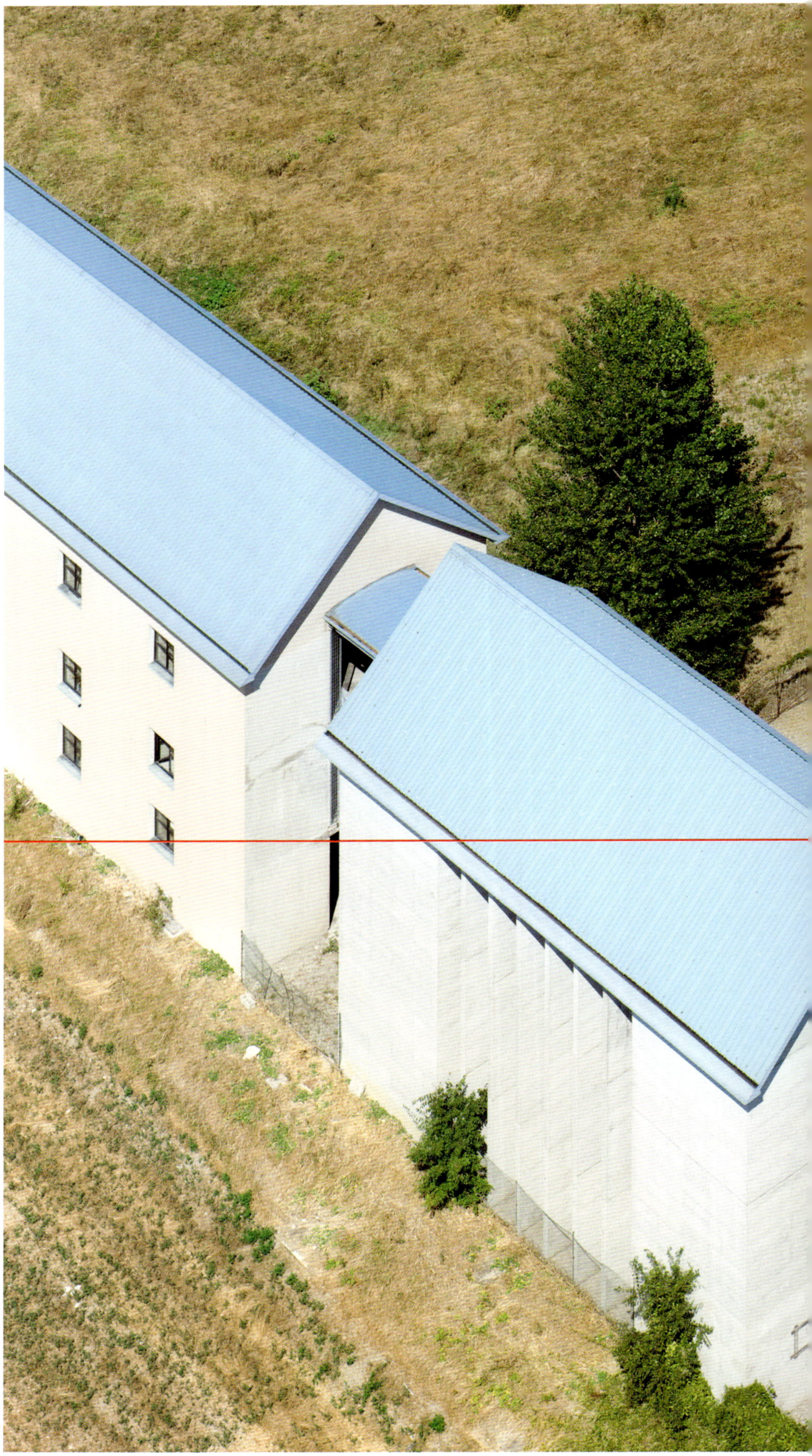

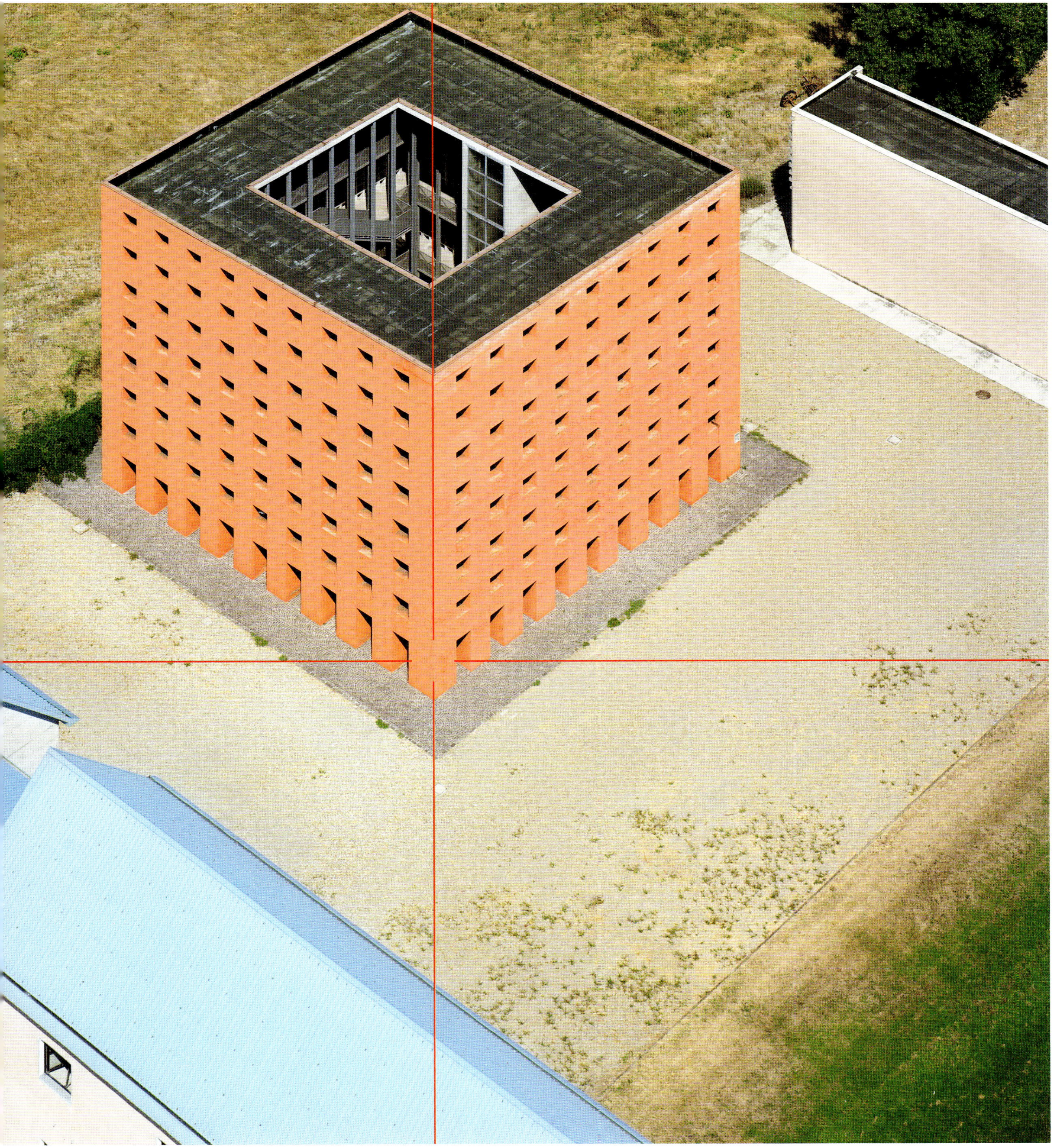

42. *site specific_MODENA 08*

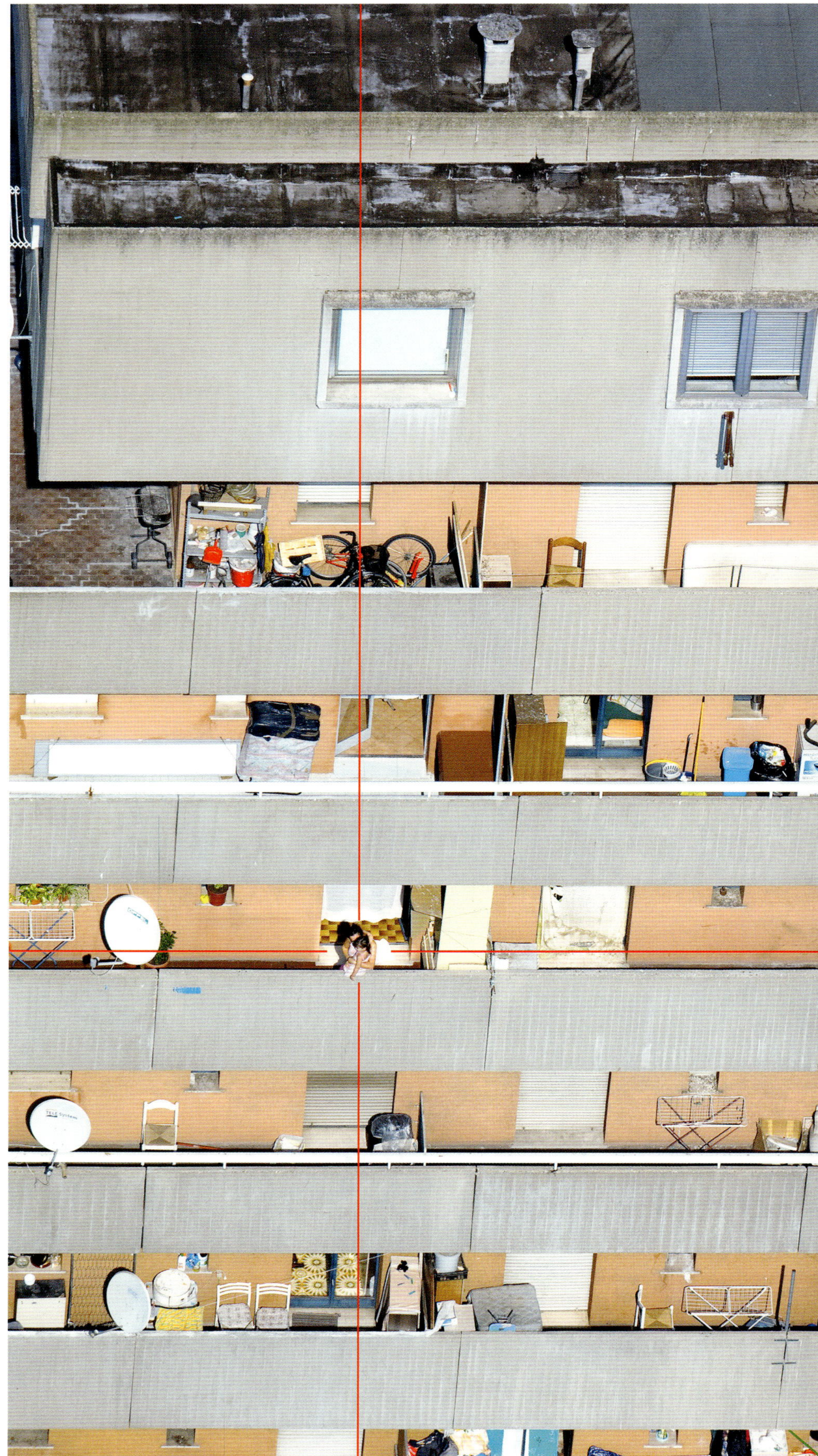

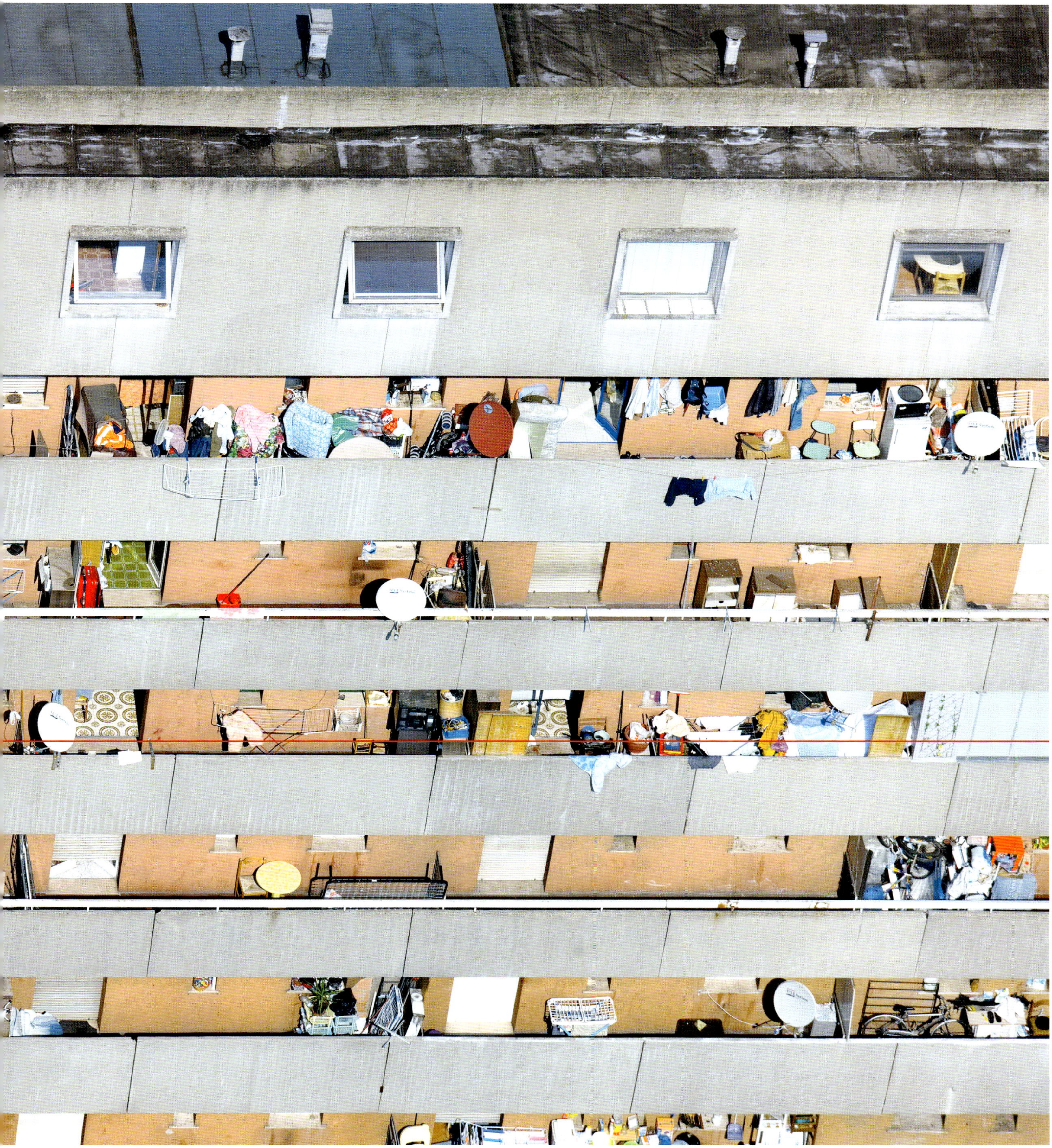

43. site specific_MODENA 08

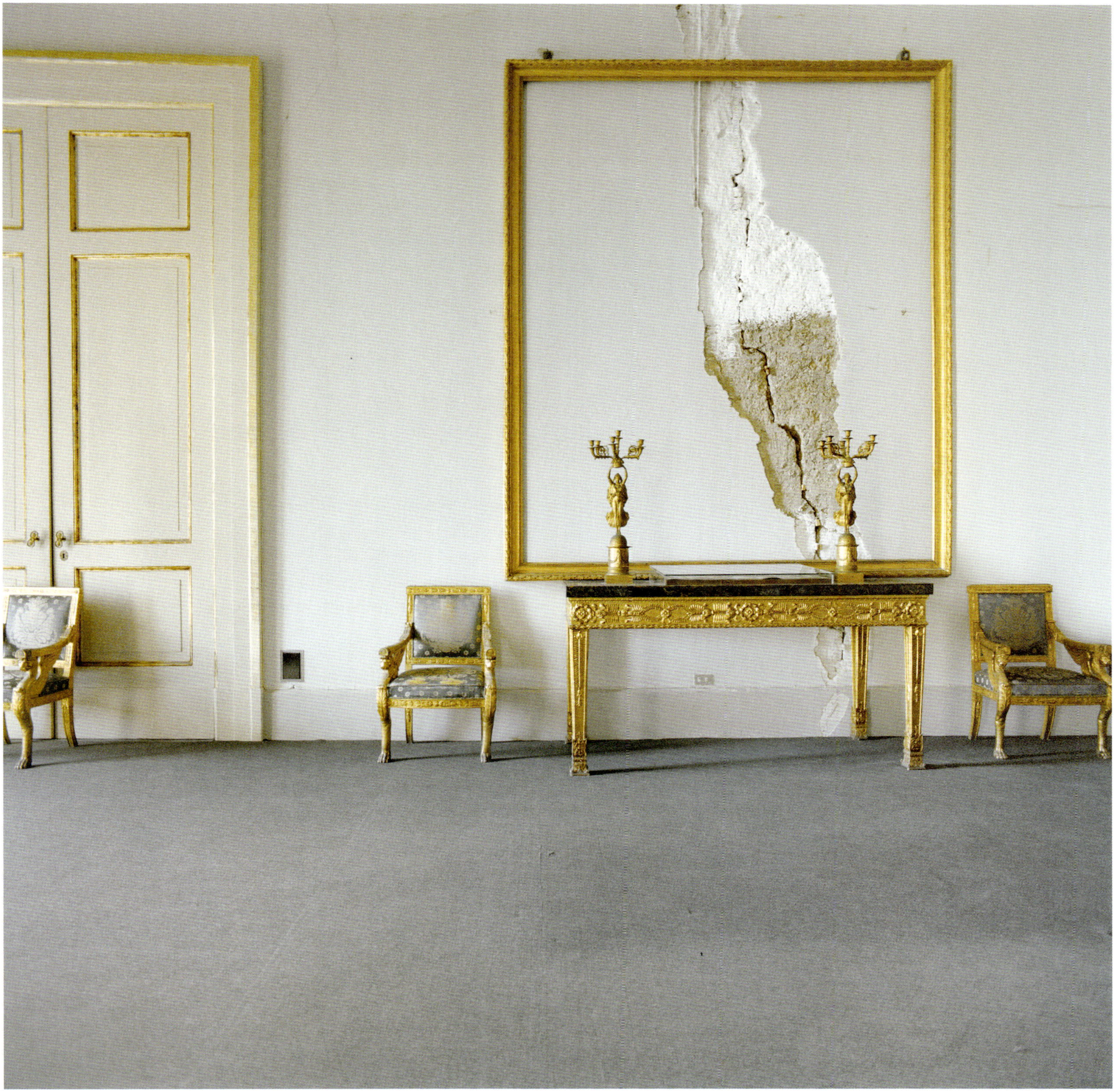

44. *Napoli 1982* (terremoto / earthquake)

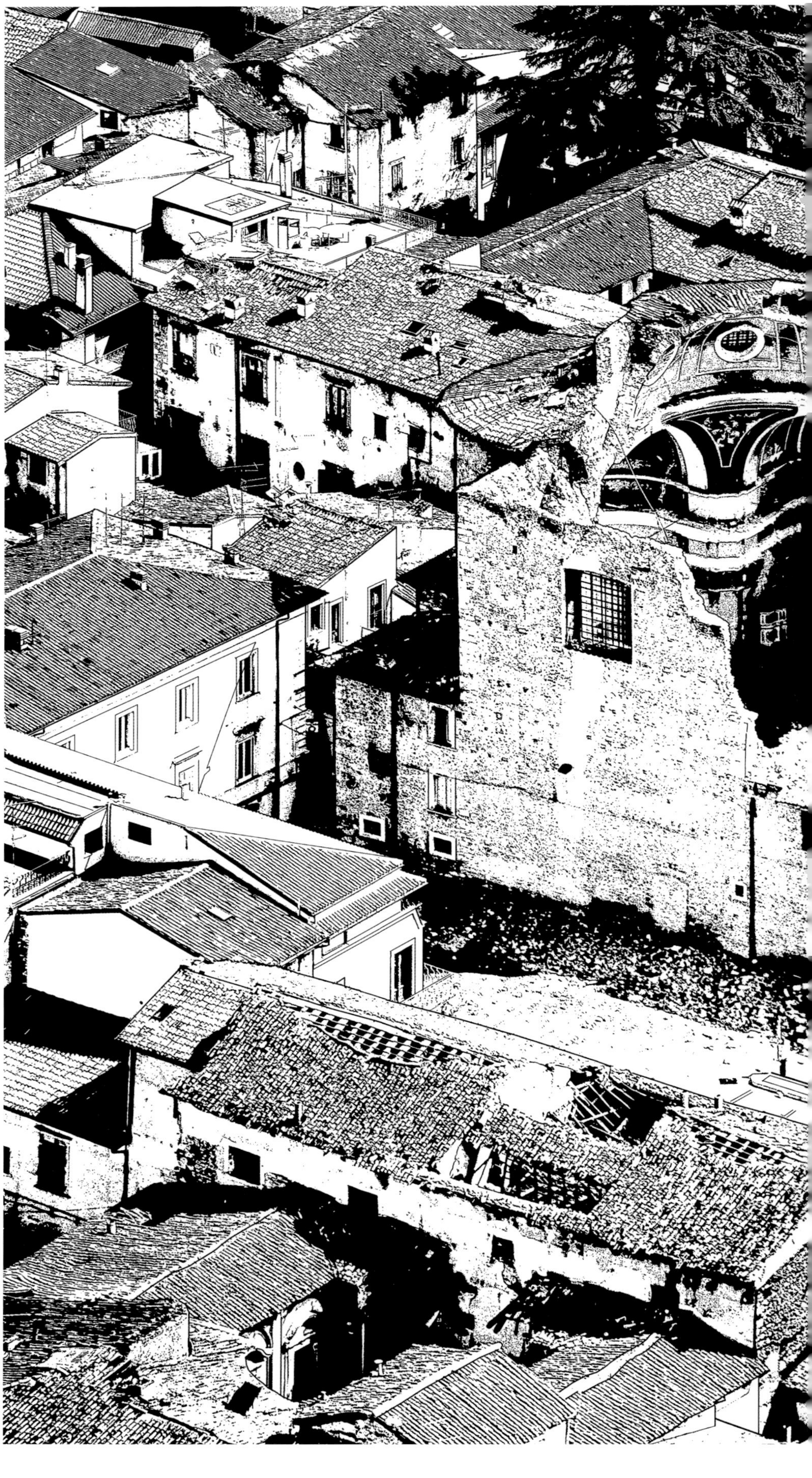

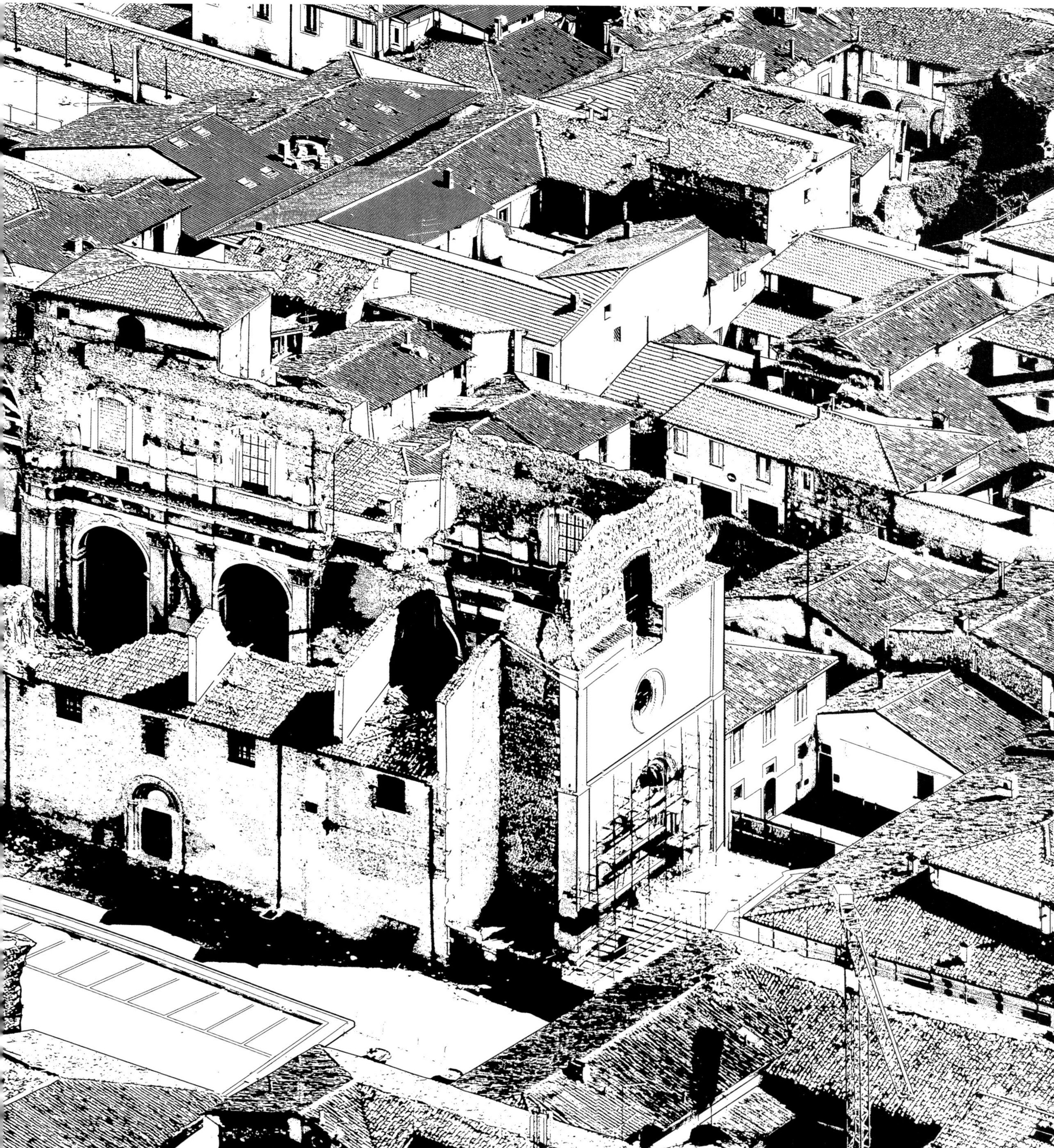

45. *site specific_L'AQUILA 09* (terremoto / earthquake)

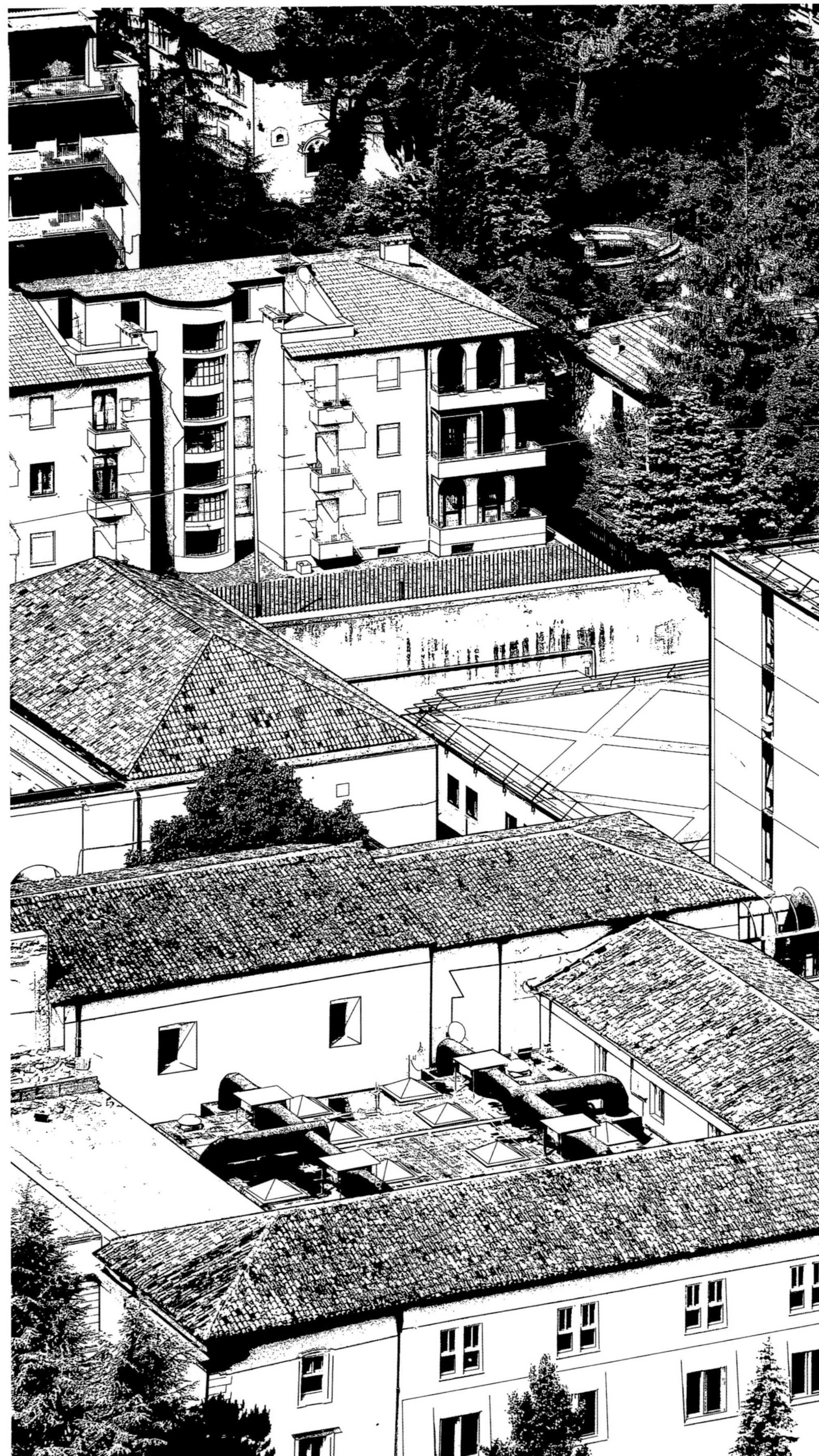

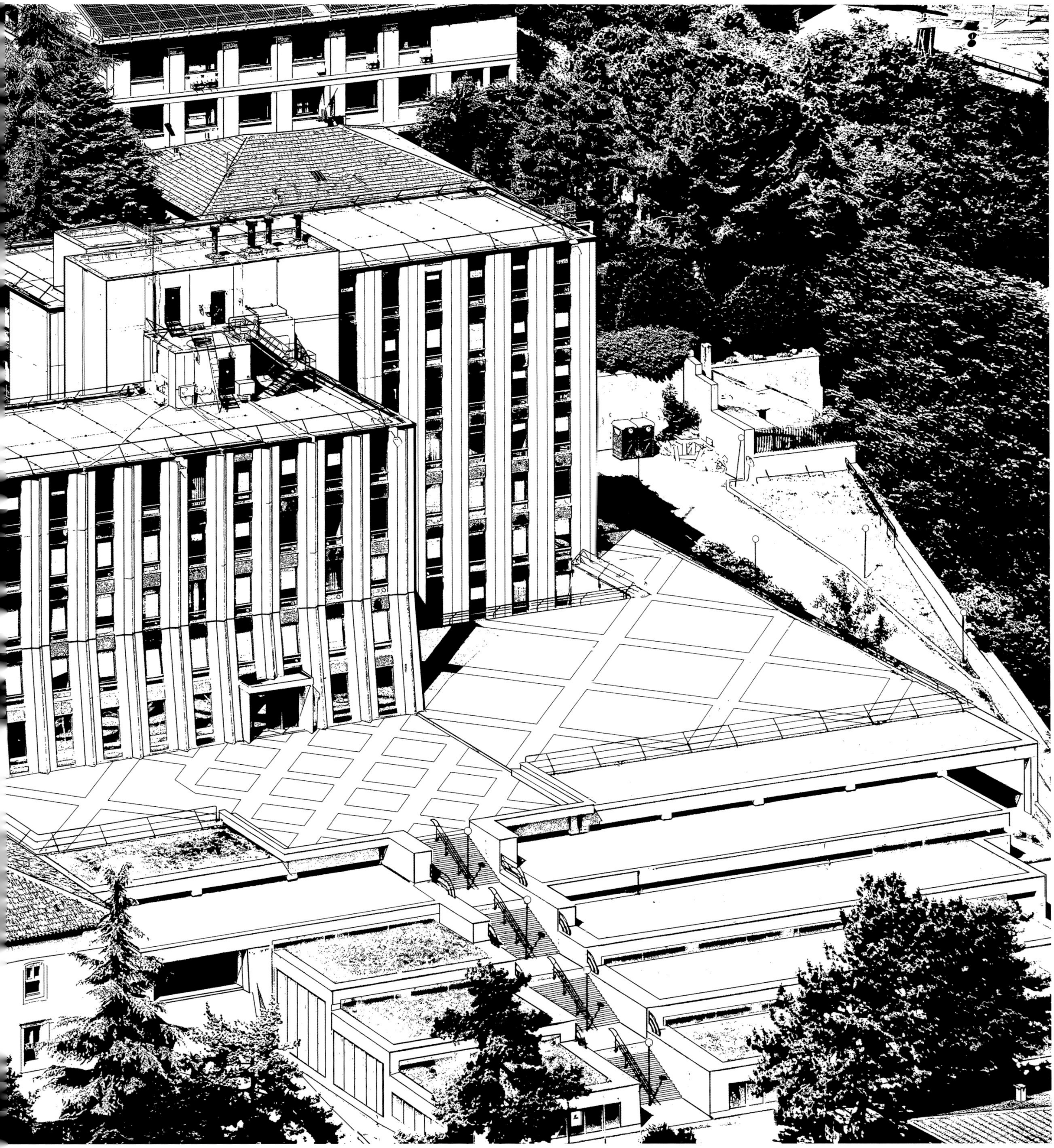

46. *site specific_L'AQUILA 09* (terremoto / earthquake)

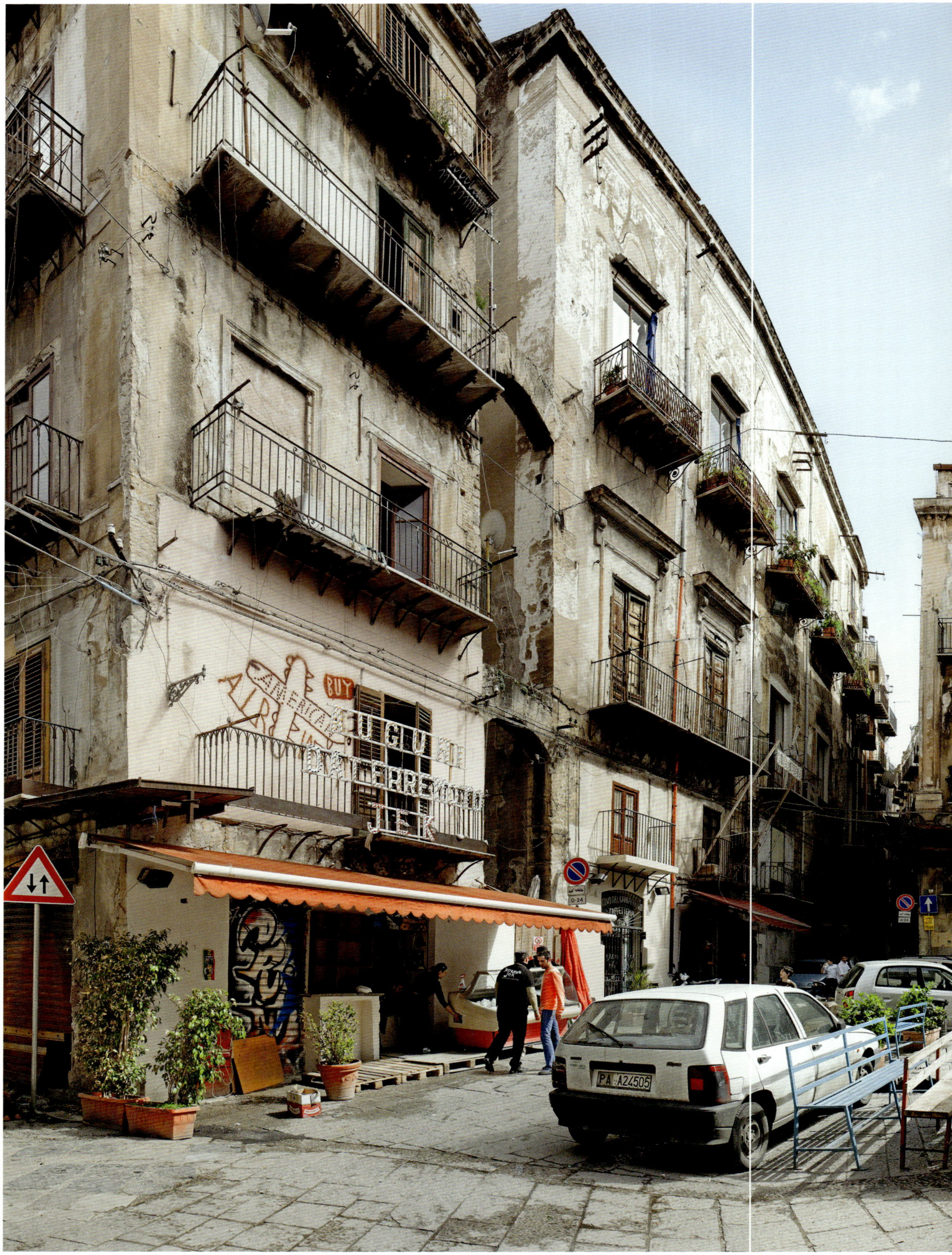
BUY
PA A24505

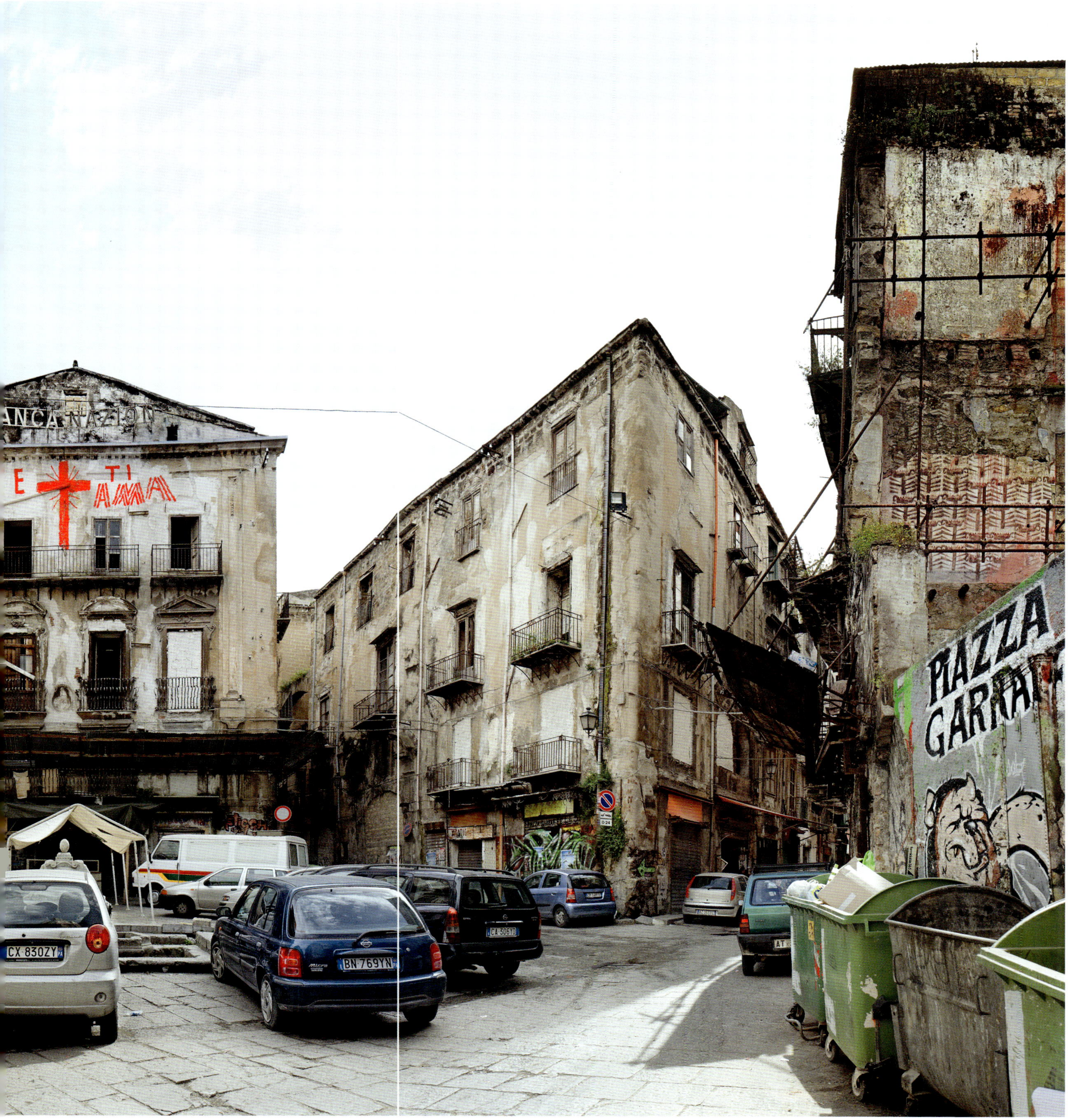

47. Palermo 2009

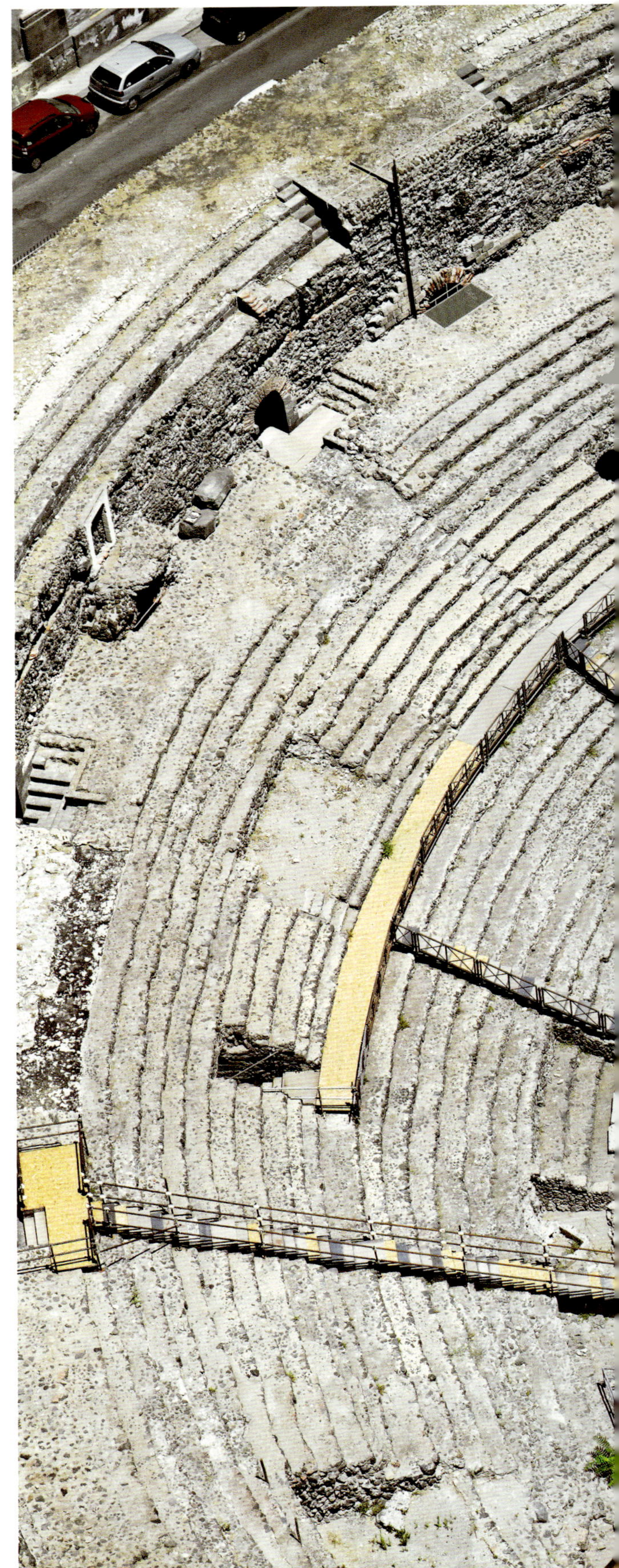

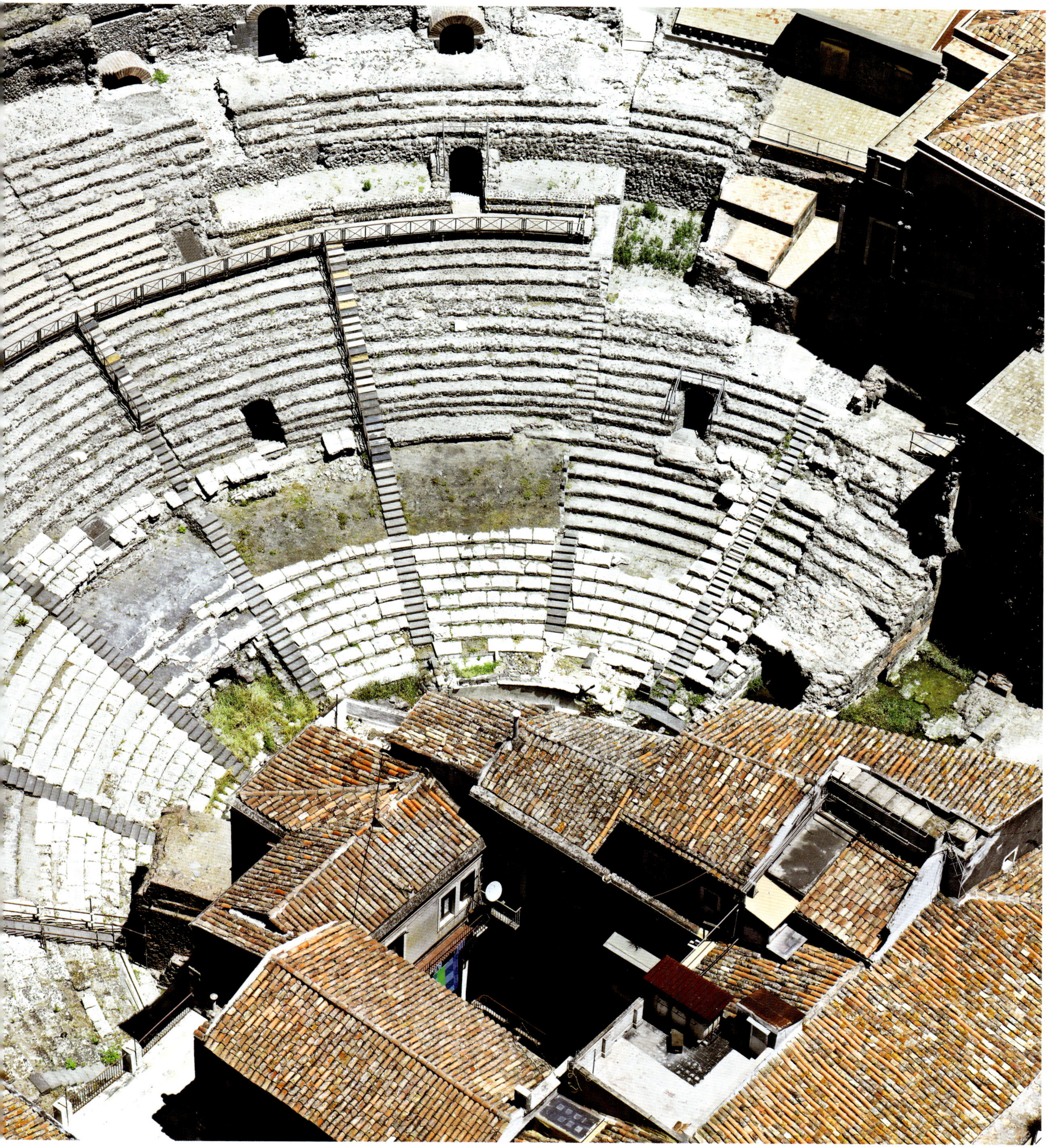

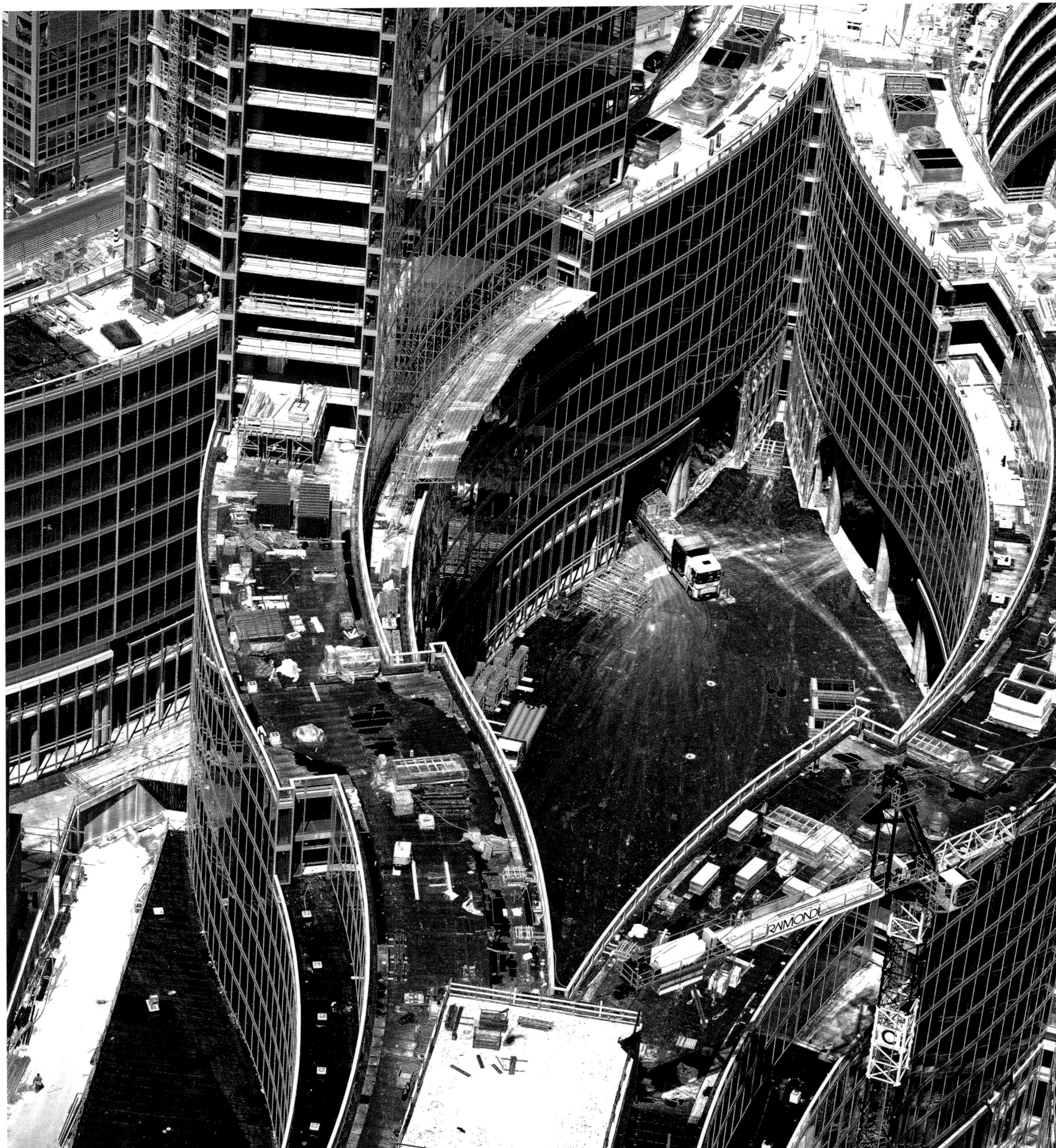

49. *site specific_MILANO 09*

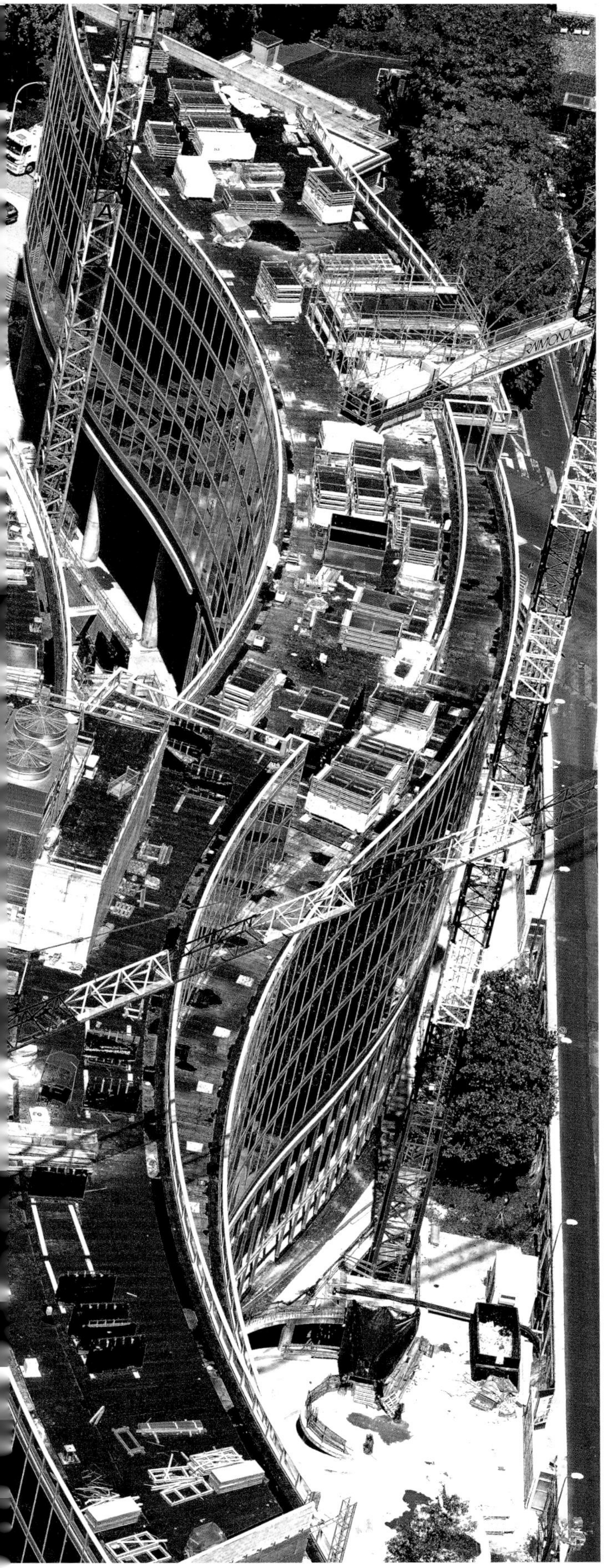

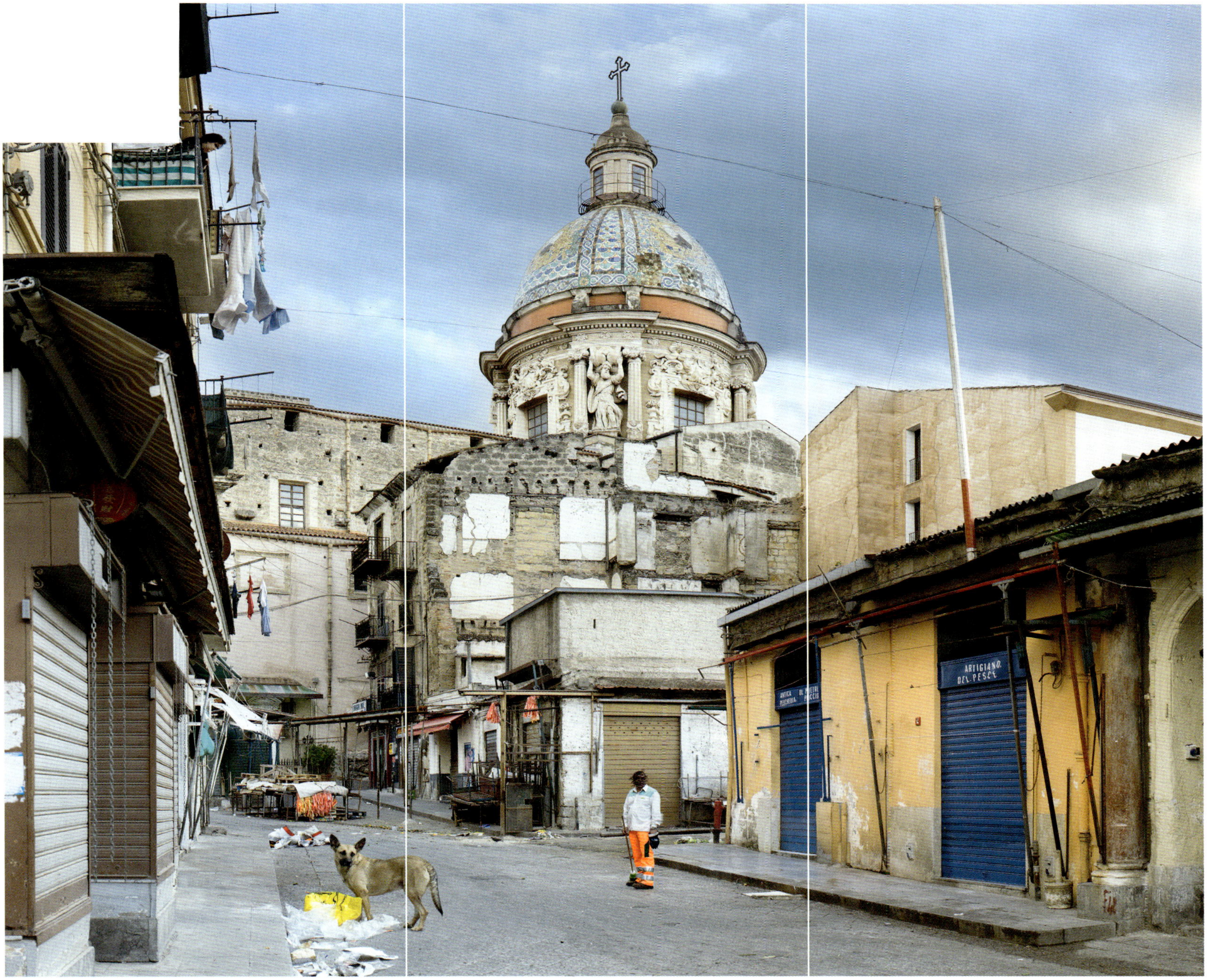

50. *Palermo 2008*

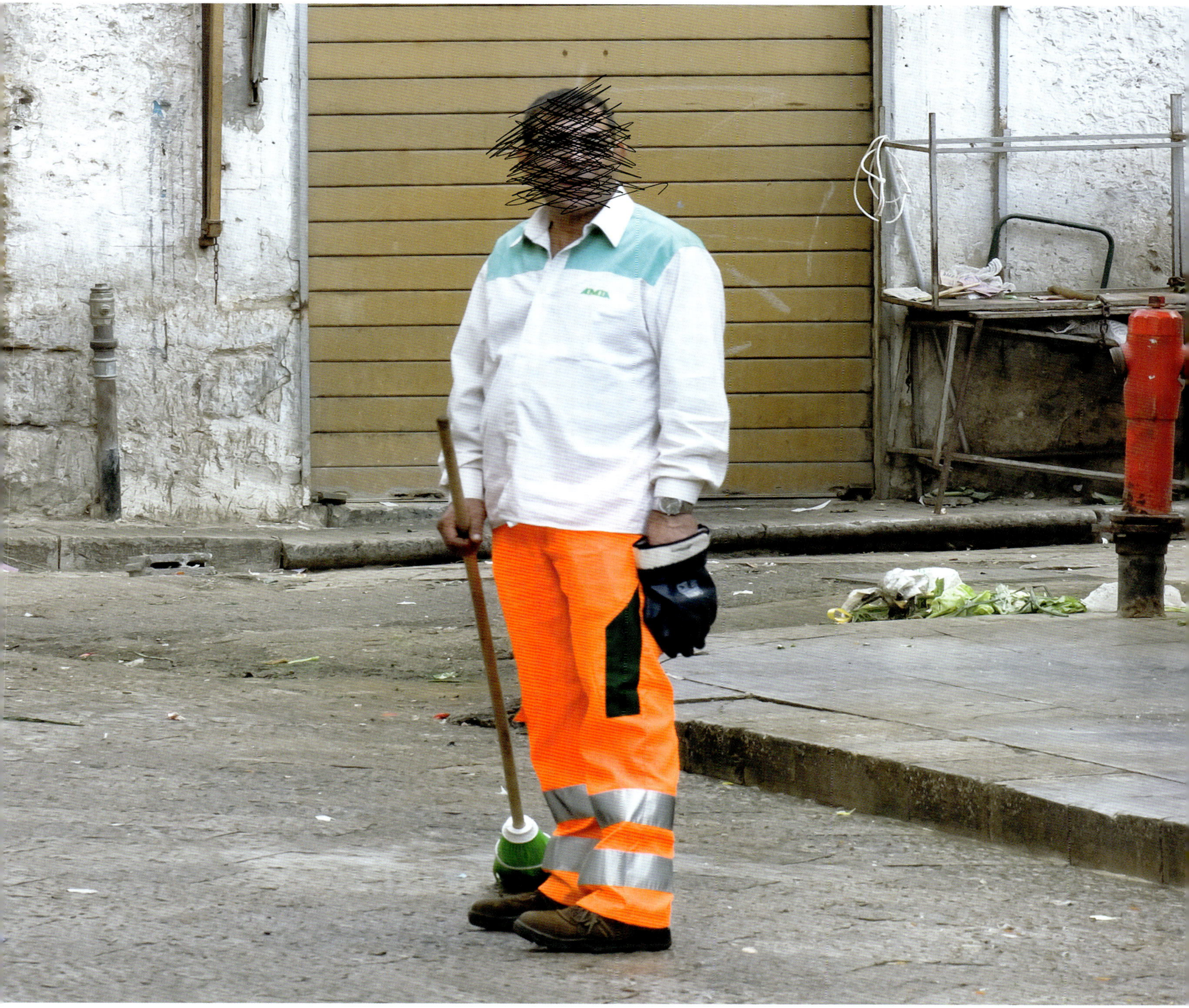

50. *Palermo 2008*, particolare / detail

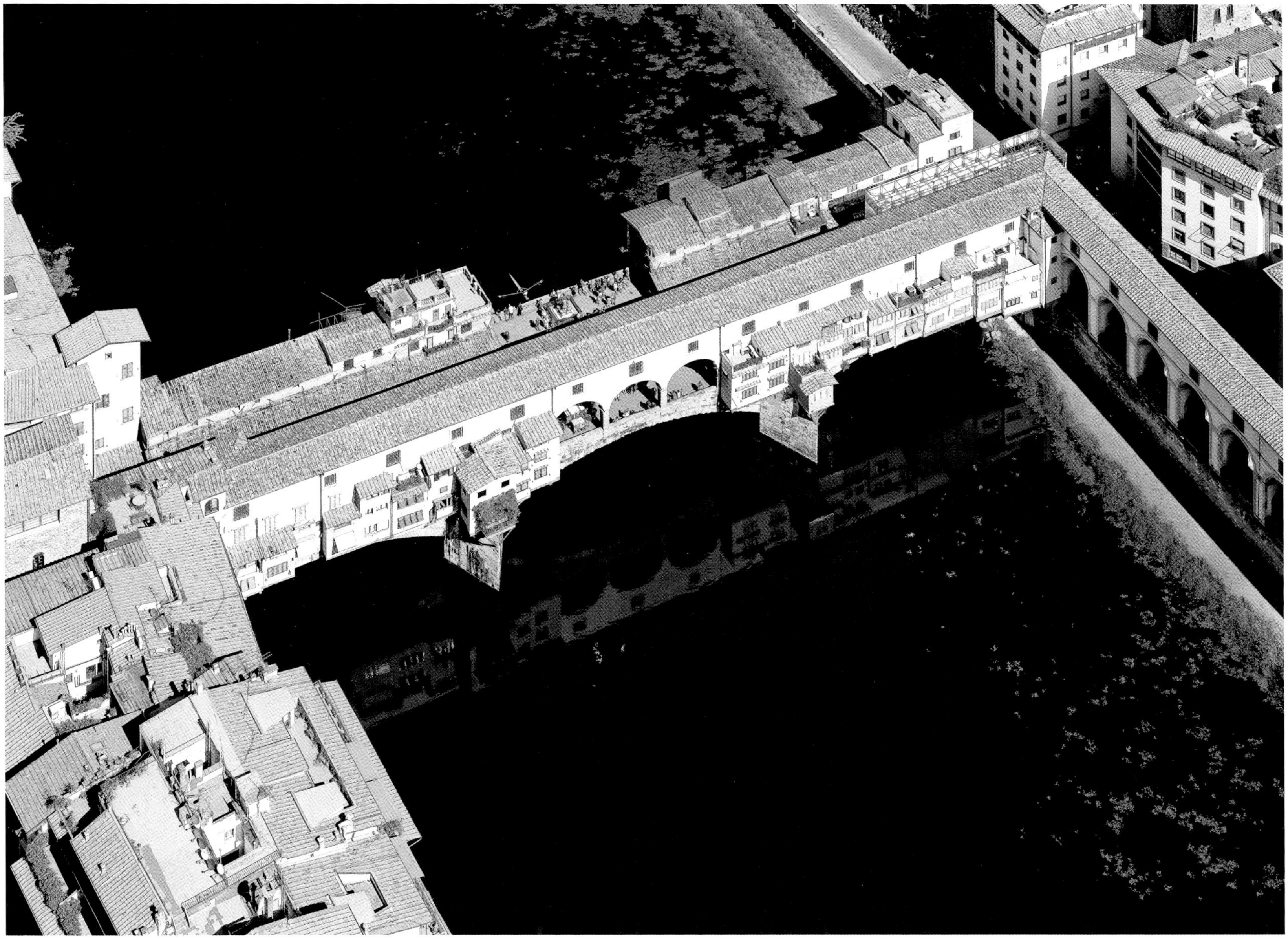

51. *site specific_FIRENZE 09*

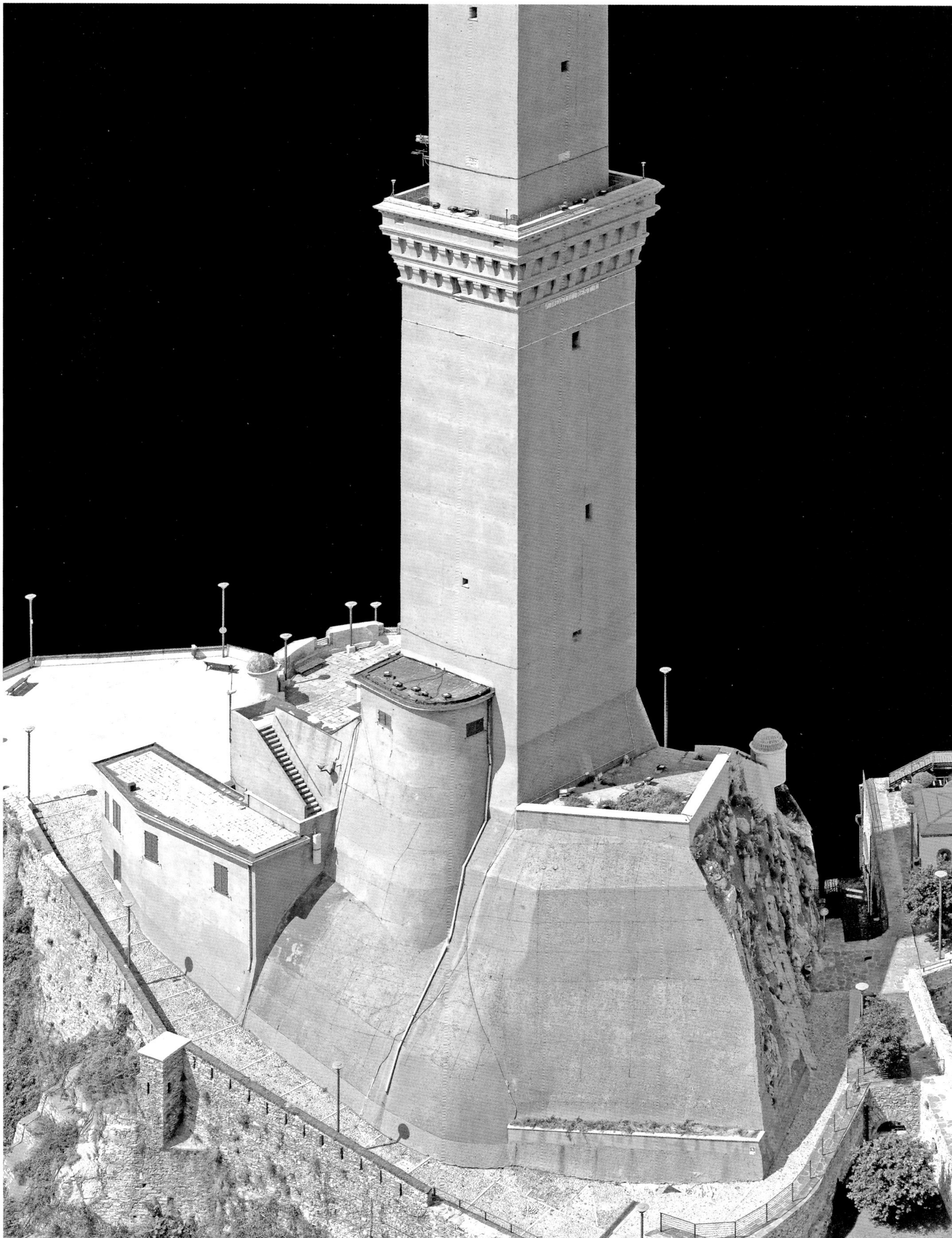

52. site specific_GENOVA 09

Elenco delle opere / List of Works

1. *Potenza 1999*
Inkjet print on archival paper
111 x 139,5 cm

2. *Brescia 2003*
Inkjet print on archival paper
75,8 x 111 cm

3. *Pentedattilo, Reggio Calabria 1986*
Inkjet print on archival paper
111 x 216 cm

4. *Aci Trezza, Catania 1986*
Inkjet print on archival paper
111 x 216 cm

5. *Cervinia, Aosta 2003*
Inkjet print on archival paper
139,5 x 111 cm

6. *Milano 1989*
Inkjet print on archival paper
111 x 216 cm

7. *Roma 1992*
Inkjet print on archival paper
111 x 161 cm

8. *Urbino 2005*
Inkjet print on archival paper
111 x 216 cm

9. *Roma 2004*
Inkjet print on archival paper
111 x 216 cm

10. *Caldogno, Vicenza 2006*
Inkjet print on archival paper
111 x 139,5 cm

11. *Napoli 2007*
Inkjet print on archival paper
152 x 111 cm

12. *Napoli 2007*
Inkjet print on archival paper
111 x 158 cm

13. *Maranello, Modena 2003*
Inkjet print on archival paper
10 parti / pieces,
100 x 78,7 cm cad. / each

14. *Roma 1999*
Inkjet print on archival paper
111 x 139,5 cm

15. *Tribunali, Palermo 2000*
Inkjet print on archival paper
139,5 x 111 cm

16. *Tribunali, Palermo 2000*
Inkjet print on archival paper
111 x 139,5 cm

17. *Tribunali, Roma 2000*
Inkjet print on archival paper
139,5 x 111 cm

18. *Tribunali, Roma 2000*
Inkjet print on archival paper
111 x 139,5 cm

19. *Siena 2002*
Inkjet print on archival paper
139,5 x 111 cm

20. *Siena 2002*
Inkjet print on archival paper
216 x 111 cm

21. *Siena 2002*
Inkjet print on archival paper
111 x 139,5 cm

22. *Siena 2002*
Inkjet print on archival paper
111 x 139,5 cm

23. *Stadi, Bari 1999*
Inkjet print on archival paper
111 x 139,5 cm

24. *Stadi, Bologna 1999*
Inkjet print on archival paper
111 x 139,5 cm

25. *Stadi, Bologna 1999*
Inkjet print on archival paper
111 x 139,5 cm

26. *Centri commerciali sulla via Emilia 1999*
Inkjet print on archival paper
111 x 139,5 cm

27. *Centri commerciali sulla via Emilia 1999*
Inkjet print on archival paper
111 x 139,5 cm

28. *Centri commerciali sulla via Emilia 1999*
Inkjet print on archival paper
111 x 139,5 cm

29. *Centri commerciali sulla via Emilia 1999*
Inkjet print on archival paper
111 x 139,5 cm

30. *site specific_ROMA 04*
Inkjet print on archival paper
111 x 151 cm

31. *site specific_ROMA 03*
Inkjet print on archival paper
111 x 151 cm

32. *site specific_TORINO 06*
Inkjet print on archival paper
111 x 151 cm

33. *site specific_TORINO 06*
Inkjet print on archival paper
111 x 151 cm

34. *site specific_TORINO 06*
Inkjet print on archival paper
111 x 151 cm

35. *Napoli 2005*
Inkjet print on archival paper
10 parti / pieces,
100 x 50 cm cad. / each

36. *Sorrento 2004*
Inkjet print on archival paper
111 x 151 cm

37. *Vico Equense, Napoli 2004*
Inkjet print on archival paper
111 x 151 cm

38. *Casal di Principe, Caserta 2007*
Inkjet print on archival paper
84 x 111 cm

39. *Casal di Principe, Caserta 2007*
Inkjet print on archival paper
84 x 111 cm

40. *site specific_ROMA 03*
Inkjet print on archival paper
111 x 151 cm

41. *Milano 2001*
Inkjet print on archival paper
111 x 216 cm

42. *site specific_MODENA 08*
Inkjet print on archival paper
26,66 x 40 cm

43. *site specific_MODENA 08*
Inkjet print on archival paper
26,66 x 40 cm

44. *Napoli 1982* (terremoto / earthquake)
Inkjet print on archival paper
111 x 111 cm

45. *site specific_L'AQUILA 09* (terremoto / earthquake)
Inkjet print on archival paper
111 x 164 cm

46. *site specific_L'AQUILA 09* (terremoto / earthquake)
Inkjet print on archival paper
111 x 164 cm

47. *Palermo 2009*
Inkjet print on archival paper
111 x 189 cm

48. *site specific_CATANIA 09*
Inkjet print on archival paper
111 x 146,1 cm

49. *site specific_MILANO 09*
Inkjet print on archival paper
111 x 146,1 cm

50. *Palermo 2008*
Inkjet print on archival paper
111 x 132,5 cm

51. *site specific_FIRENZE 09*
Inkjet print on archival paper
111 x 146,1 cm

52. *site specific_GENOVA 09*
Inkjet print on archival paper
146,1 x 111 cm

Biografia

Olivo Barbieri nasce a Carpi (Modena) nel 1954. Frequenta la facoltà di Pedagogia e il D.A.M.S. di Bologna. Dal 1971 intensifica il suo interesse per la fotografia, inizialmente concentrando la sua ricerca sull'illuminazione artificiale nella città europea e orientale.
A partire dal 1989 viaggia abitualmente in Oriente, soprattutto in Cina. Nel 1993, 1995 e 1997 partecipa alla Biennale di Venezia. Nel 1996 tiene la prima retrospettiva delle sue opere al Folkwang Museum di Essen. Dalla metà degli anni novanta adotta una nuova tecnica fotografica, che gli permette di mantenere a fuoco solo alcuni punti dell'immagine: i paesaggi rappresentati, spesso dall'elicottero, appaiono così come dei plastici, delle sorprendenti e stranianti visioni: Olivo Barbieri sembra chiedersi continuamente, quanta realtà esista nel nostro sistema di vita, o ancora, quanto profondamente la nostra percezione sia atta a comprendere ciò che ci circonda.
Nel 2001 pubblica il volume *Virtual Truths*, Silvana Editoriale, Cinisello Balsamo (Milano), e realizza il progetto *Notsofareast*, in Cina, per la Triennale di Milano, esposto nella mostra "Effetti collaterali".
Nel 2002 è invitato dal Palazzo delle Papesse, Centro Arte Contemporanea Siena, a realizzare il progetto *Cityscapes/Landscapes*.
Nel 2003 sue opere sono esposte a *Strangers*, la prima Triennale di fotografia e video organizzata dall'ICP (International Center of Photography), New York.
Nel 2003 inizia il progetto *site specific_* che coinvolge diverse città: Roma, Torino, Montreal, Amman, Las Vegas, Los Angeles, Shanghai, Siviglia, New York ecc.
Per la serie *site specific_* realizza tre film: *site specific_ROMA 04*, *site specific_LAS VEGAS 05*, *site specific_SHANGHAI 04*.
Il film *site specific_ROMA 04* è presentato nel 2005 alla mostra "Universal Experience", al Museum of Contemporary Art di Chicago, alla Hayward Gallery di Londra e al MART, Trento e Rovereto, curata da Francesco Bonami.
Nel 2005 inizia due serie di film: *Seascape #* e *Riverscape #*.
Nel 2006 il progetto *site specific_* è esposto al Bloomberg Space di Londra, a cura di Stephen Hepworth; al Bund 18, a Shanghai, a cura di Christopher Phillips. Nello stesso anno Barbieri è invitato dalla BIACS - II Biennale di Siviglia, a cura di Okwui Enwezor, a realizzare il film *SEVILLA → (∞) 06*.
Tra il 2006 e il 2007 realizza *The Waterfall Project*.
Nel 2008 realizza il progetto *TWIY* per il Museo di Capodimonte di Napoli. Nel 2008 il film *site specific_LAS VEGAS 05* è presentato nella mostra "Double Down Two Visions of Vegas" al SFMOMA - San Francisco Museum of Modern Art.
Nel 2009 realizza *site specific_MODENA 08* per la Galleria Civica di Modena e presenta *site specific_MILANO 09* alla Triennale di Milano.
Nel 2010 realizza *site specific_CATANIA 09*, *site specific_FIRENZE 09* e *site specific_GENOVA 09*.

Opere di Barbieri sono presenti in musei e collezioni d'arte pubbliche e private in Europa e negli Stati Uniti, tra i quali: Museum Folkwang, Essen; CAAC Centro Andaluz de Arte Contemporaneo, Siviglia; San Francisco Museum of Modern Art; International Center of Photography (ICP), New York; Fondazione Sandretto Re Rebaudengo, Torino; GAM Galleria d'Arte Moderna e Contemporanea, Torino; Sondra Gilman Collection, New York; Cisneros Fontanals Foundation, Miami.

Sull'opera dell'artista sono stati pubblicati numerosi libri e cataloghi tra i quali: *Paesaggi in miniatura*, Art&, Udine 1991; *Notte*, Art&, Udine 1991; *Olivo Barbieri seit 1978*, Museum Folkwang, Essen 1996; *Illuminazioni artificiali*, Federico Motta Editore, Milano 1995; Smithsonian, Washington, D.C., 1998; *Notsofareast*, Donzelli, Roma 2002; *Paintings*, Brancolini Grimaldi, Firenze 2002; *site specific_ROMA 04*, Zoneattive, Roma 2004; *site specific_LAS VEGAS 05*, Wonder Inc., Toronto 2005; *site specific_SHANGHAI 04*, Editrice Quinlan, Bologna 2006; *site specific_NYC 07*, APM edizioni, Carpi 2007; *TWIY*, Electa, Napoli 2008; *site specific_JORDAN 04*, Guidi&Schoen, Genova 2008; *The Waterfall Project*, Damiani editore, Bologna 2008; *site specific_BEIJING 08*, AxA, Alcamo 2008; *site specific_MODENA 08*, Damiani editore, Bologna 2008; *site specific_MILANO 09*, Silvana Editoriale, Cinisello Balsamo (Milano) 2009; *site specific_CATANIA 09*, Silvana Editoriale, Cinisello Balsamo (Milano) 2010; *site specific_FIRENZE 09*, Silvana Editoriale, Cinisello Balsamo (Milano) 2010; *site specific_GENOVA 09*, Silvana Editoriale, Cinisello Balsamo (Milano) 2010.

I film di Olivo Barbieri sono stati presentati nei più importanti film festival e musei, tra cui Locarno Film Festival 2004, 2005, 2006, 2007; International Film Festival Rotterdam 2004, 2006; Medien und Architektur Biennale Graz 2005-2007; Toronto International Film Festival 2005, 2006; Wexner Center for the Arts, Columbus, Ohio 2006; New York Film Festival 2006; Sundance Film Festival 2006, 2008; San Francisco International Film Festival 2006, 2007; Berkeley Art Museum & Pacific Film Archive, Berkeley 2006, 2007; Walker Art Center, Minneapolis 2007; MOMA, New York 2007; Jeu De Paume, Paris 2007; Tate Modern, Londra 2007; Berlin Film Festival 2007.

Le opere di Olivo Barbieri hanno ricevuto diversi premi, tra cui si ricordano:
2008 *SEVILLA → (∞) 06*, Nashville Film Festival; 2006 *site specific_LAS VEGAS 05*, San Francisco Film Festival; 2006 *site specific_ROMA 04*, Medien und Architektur Biennale, Graz; 1992 Higashikawa-cho Award, Giappone; 1990 Premio Friuli Venezia Giulia Fotografia.

Biography

Olivo Barbieri was born in 1954 at Carpi (Modena), Italy.
At university he attended the faculty of Pedagogy and then the D.A.M.S. in Bologna. After 1971 his interest in photography grew, initially concentrating his research on artificial illumination in European and Oriental cities. From 1989 onwards, he began to travel frequently to the Far East, particularly to China. In 1993, 1995 and 1997 he took part in the Venice Biennale. In 1996 the first retrospective of his work was held at the Folkwang Museum in Essen. In the mid-1990s, he adopted a new photographic technique, allowing him to maintain his focus on only certain points of the image: the landscapes photographed, often from aboard a helicopter, thus come across as a series of scale models providing surprising and estranging visions: Olivo Barbieri seems to ask himself continually just how much reality actually exists in our system of living, or rather, just how deeply our perception is capable of comprehending that which surrounds us.
In 2001 he published the volume *Virtual Truths*, Silvana Editoriale, Cinisello Balsamo (Milano).
In the same year he completed his *Notsofareast* project in China, for the Milan Triennial, as part of the *Effetti Collaterali* exhibition. In 2002 he received an invitation from Palazzo delle Papesse, the Centro Arte Contemporanea in Siena, to implement his *Cityscapes/Landscapes* project.
In 2003 his works were put on show at *Strangers*, the first photography and video triennial organised by the ICP (International Center of Photography) in New York.
In 2003 he embarked on the *site specific_* project, which involved a number of cities Rome, Turin, Montreal, Amman, Las Vegas, Los Angeles, Shanghai, Seville, New York, and many others.
He also made three films as part of the *site specific_* series: *site specific_ROMA 04*, *site specific_LAS VEGAS 05*, and *site specific_SHANGHAI 04*.
In 2005 *site specific_ROMA 04* was presented at the *Universal Experience* exhibition, at the Museum of Contemporary Art, Chicago; at the Hayward Gallery, London; at the MART, Trento and Rovereto, curated by Francesco Bonami. In 2005 he began work on two series of films: *Seascape #* and *Riverscape #*.
In 2006 the *site specific_* project was exhibited at the Bloomberg Space in London, curated by Stephen Hepworth; at the Bund 18, in Shanghai, curated by Christopher Phillips. In the same year, Barbieri was also commissioned by the BIACS (the Biennial of Seville, curated by Okwui Enwezor), to make the film *SEVILLA → (∞) 06*.
Between 2006 and 2007 he completed *The Waterfall Project*.
In 2008 he created the *TWIY* project for the Museum of Capodimonte in Naples. In 2008 *site specific_LAS VEGAS 05* was shown at the exhibition *Double Down Two Visions of Vegas* at the SFMOMA (San Francisco Museum of Modern Art).
In 2009 he realized *site specific_MODENA 08*, for the Galleria Civica Modena and presented *site specific_MILANO 09* at the Triennale di Milano.
In 2010 he realized *site specific_CATANIA 09*, *site specific_FIRENZE 09* and *site specific_GENOVA 09*.

Barbieri's works are to be found in museums as well as public and private art collections both in Europe and in the United States, including the Museum Folkwang in Essen, CAAC Centro Andaluz de Arte Contemporaneo in Seville, the San Francisco Museum of Modern Art, the International Center of Photography (ICP) New York, the Fondazione Sandretto Re Rebaudengo in Turin, the GAM Galleria d'Arte Moderna e Contemporanea in Turin, the Sondra Gilman Collection in New York, and the Cisneros Fontanals Foundation in Miami.

A great number of books and catalogues on the artist's work have been published, including: *Paesaggi in miniatura*, Art&, Udine 1991; *Notte*, Art&, Udine 1991; *Olivo Barbieri seit 1978*, Museum Folkwang, Essen 1996; *Illuminazioni artificiali*, Federico Motta Editore, Milano 1995; Smithsonian, Washington, D.C., 1998; *Notsofareast*, Donzelli, Roma 2002; *Paintings*, Brancolini Grimaldi, Firenze 2002; *site specific_ROMA 04*, Zoneattive, Roma 2004; *site specific_LAS VEGAS 05*, Wonder Inc., Toronto 2005; *site specific_SHANGHAI 04*, Editrice Quinlan, Bologna 2006; *site specific_NYC 07*, APM edizioni, Carpi 2007; *TWIY*, Electa, Napoli 2008; *site specific_JORDAN 04*, Guidi&Schoen, Genova 2008; *The Waterfall Project*, Damiani editore, Bologna 2008; *site specific_BEIJING 08*, AxA, Alcamo 2008; *site specific_MODENA 08*, Damiani editore, Bologna 2008; *site specific_MILANO 09*, Silvana Editoriale, Cinisello Balsamo (Milano) 2009; *site specific_CATANIA 09*, Silvana Editoriale, Cinisello Balsamo (Milano) 2010; *site specific_FIRENZE 09*, Silvana Editoriale, Cinisello Balsamo (Milano) 2010; *site specific_GENOVA 09*, Silvana Editoriale, Cinisello Balsamo (Milano) 2010.

Olivo Barbieri's films have been screened at many of the most important film festivals and museums, including the Locarno Film Festival 2004, 2005, 2006, 2007; the International Film Festival of Rotterdam 2004, 2006; Medien und Architektur Bienniale, Graz 2005-2007; Toronto International Film Festival 2005, 2006; Wexner Center for the Arts, Columbus, Ohio 2006; New York Film Festival 2006; Sundance Film Festival 2006, 2008; San Francisco International Film Festival 2006, 2007; Berkeley Art Museum & Pacific Film Archive, Berkeley 2006, 2007; Walker Art Center, Minneapolis 2007; MOMA, New York 2007; the Jeu De Paume, Paris 2007; the Tate Modern, London 2007, and the Berlin Film Festival 2007.

Olivo Barbieri's have won several awards, among which: 2008 *SEVILLA → (∞) 06*, Nashville Film Festival; 2006 *site specific_LAS VEGAS 05*, San Francisco Film Festival; 2006 *site specific_ROMA 04*, Medien und Architektur Biennale, Graz; 1992 Higashikawa-cho Award, Japan; 1990 Premio Friuli Venezia Giulia Fotografia.